大叔 Ojisan on the Road

李清志 著
李清志、王子亦 攝影

大叔 Ojisan on the Road

/ contents

1 大叔環島的理由

2 龜山島的沉思

大叔
Ojisan
on the Road
/ contents

—推薦文

大叔世代之島嶼探索—

王子亦（昕品設計・設計總監）

二〇〇八年冬天，我第一次參加李清志的建築旅行團，是實踐大學建築系師生的活動，在瀨戶內海上，頂著寒風雪雨，搭交通船登上犬島，從此迷戀上建築旅行，與探訪世界各地。逐漸的，出國旅行成為日常生活的一部分，特別是櫻花的時節，我們兩家人會相約在京都、東京賞櫻，吃Harbs蛋糕。這樣的生活型態到了二〇二〇年突然中止，全世界因為疫情擴散而停止下來，也讓我們有機會重新認識自己生活的土地。

我與清志一起旅行，培養出一種默契與態度，喜歡簡約的生活，安靜的獨處，在某次的咖啡時光裡，提出一人開一台Jimny環島的想法，雖然結伴同行，但是維持獨立旅行的精神，自由的意識與自我的行動。這趟沒有特定的目的，只是探索未知領域的吉普車環島旅行，讓我們看到不一樣的台灣，與不一樣的自己，雖然身為資深大叔，但是內心仍然有深刻的感動。

旅程結束之後，清志常常與我分享他的觀察所得，最終將心得集結成冊，不僅是疫情時代的一種紀錄，也是一種獨特的旅行分享，讓我們可以有更多的方式，來關愛這片土地，重新認識自己。

我很高興有這樣的機緣，可以與清志結伴同行，在大叔的世代，一起探索台灣的美好，與感受他深信的基督信仰，更特別的是可以參與他的新書內容。在此要祝賀他的《大叔Ojisan on the Road》新書上市，暢銷成功。

—推薦文 有一小片台灣，叫做「清志角落」—

詹偉雄（文化評論人）

清志的新書，關鍵字有三個：大叔、吉米和環島，隱旋律則延續著舊有的那一支：對空間裡各種人造物的好奇、探索和觀察，我們姑且稱它為「清志角落」。

大叔，是近幾年突然流行起來的身分認同，它雖然沒有明確定義，但幾個特徵是或有共識的：歲數已過中年、身形不免壯碩、眉宇掛著些許滄桑，對萬物盡顯包容，穿著談吐有個人氣質；走近大叔身邊，既可以獲得溫暖的療癒效果，又可以領略秀異的見識，不啻是一種美妙經驗。

「大叔」之所以在此刻出現，有其歷史上必然的緣由，他們是二戰後第一個世代，經歷過戒嚴和解嚴、農村與都市、拮据或爆發、本土到國際……等好幾個波峰波谷，也許更重要的是：當大叔們一一翻過了李宗盛所吟唱過的〈山丘〉，他們不免得停下來咀嚼過往，玩味一下時間在生命各階段不同的流速（昔日很慢，眼前卻是八倍速）。和一路拚搏到盡頭、無法也不願停下來的上一代比起來，大叔的人生是具有高度反思性的，他待人接物的平和和順應，來自他對自身生命的覺察：一路走來，人生多多少少都事與願違吧，都帶著點抱憾性（regretful）吧，因為有這麼多的錯失和不完美，接受現世，懷抱權宜，是一種必要的美學態度。

雖然未必直接相關，但大叔與吉米／Jimny的連結，是有脈絡可循的。吉米是日本汽車廠鈴木所研發、生產的一款小型越野吉普車，自一九七〇年首發上市歷經四代改款始終銷售不墜，它的方盒子造型是它的招牌特色，在造車主流愈趨圓角化的當代難免有些格格不入；它馬力小，在高速公路上跑起來得困守外側車道，但一到了林道或沙灘，它輕盈的體重和四輪傳動系統便造就出如精靈般的身手；在都市的車河裡，它像是一部來自過去的車，沒有亮面烤漆和犀利的車燈，但幾乎所有的車主都會把它改裝成自己喜歡的樣子；論身形，吉米比任何車都容易鑽進狹窄的巷子，也更容易塞入停車格；這所有的方方面面，都正中既陽光又憂鬱的大叔情懷，它價格不貴、不喧譁自己的不同、帶著車主去自然深處，它是自由的象徵，是一位能和你擊拳問好的靈魂伴侶。

清志和他的大學學長子亦，都是典型的大叔，也都在這幾年各自買了一部吉米，他們相約在一個酷熱的夏天，用超過十天的時間，無目的地、無規畫地進行一趟環島之旅，也是可以理解的事。生命中總有某些時刻，你想把自己拋擲到大自然面前、置身於全然陌生的生命群體間，追求一個創造性迷失（getting lost）的孤獨狀態，在這段沒有義務也沒有他人盯視，卻有著許多新鮮體驗的、生命的潮間帶裡，我們把那些發生過卻始終搞不清楚的事、內在洶湧過但無法浮出的感受、漫漶著卻常常清晰起來的記憶，一樁接一樁整理一遍。在這過程裡，吉米是一部靈性的小車，但卻是一隻巨大的導盲犬。

清志始終是對人造物情有獨鍾的偵探，特別是具有時間感、孤寂於空間裡、已經失去用途（或「生命光輝時刻」）的建築物，他的前幾本書，都具有這種隱約的關注。在這趟環島行程中，他的眼光像是一部攝影機（他也買了小型空拍機），把那種落寞和荒涼與周邊生意盎然的自然同框並置，帶到了讀者眼前，所有的「清志角落」皆是一種大叔的況味——我們的青春，不都曾如桃園飛機棄置場裡那幾隻曾漫天飛翔的波音，但如今只能是沉默的人造雕塑等待支解，然而世界生生不息，外海浪濤洶湧，草原花粉逆光起舞，頭頂上飛來的是全新的星宇航空。

環島是大叔生命的里程碑，這意義只有大叔自身知道，大叔是生命會停下來、喝杯咖啡、想一想的人，他知道一千兩百萬年的島嶼自然永遠是老師，而吉米是心靈伴侶。

一推薦文 開啟人生野遊的機會一

吳書原（景觀建築師）

梭羅的《湖濱散記》，曾有一段話是這麼寫：「如果人類開始贖回自己的自由，地球上所有的草地都回復到荒野狀態，萬物可以短暫喘息，我認為應該是最值得欣慰的一件事。」

高度工業化的現代，密集高壓的工作環境，塑造出虛假速食的奢華生活，人類脫離自然愈來愈遠，多數人的人生頓時陷入一陣迷惘與泥沼，後疫情時代，長時間的封控隔離，我們不禁會想這是真正我們想待的都市環境與人生場景嗎？

打開你的感官去感受這個世界吧！走進人類未至之地，走入荒野吧，不論島內或島外，給自己一個機會，做一次人生壯遊吧！

還記得在英國留學時期，曾與同學好友駕車遊，北至蘇格蘭，南至康瓦爾，這也幾乎是不列顛群島天之涯、海之角，愛丁堡世界文化遺產的黑堡，北海冷冽的海風，威爾斯的風吹草低見牛羊，壯美的英國西南荒原景致，老水手群起高歌的漁港酒吧，不論歌聲或風景，都成為我日後魂牽夢縈的美麗回憶及日後做設計的養分。

回到台灣，我很喜歡台灣的植物群像，只要有空，哪怕是半天，我都會開車進到我們家後山——陽明山，去走二子坪步道、七星山、向天山。如果你在國外待過，你就能體會陽明山在外國人的眼裡，為何會被視為植物的寶庫。舉個例子：台灣常見的筆筒樹，感覺好平常，可是它卻是聯合國列為瀕臨滅絕植物的二級，在國外不會看到這種植物，它是冰河時期之前留下來的物種，就是電影《侏羅紀公園》的那個「侏羅紀」，所留下來的筆筒樹。為什麼說台灣是冰河時期之後，世界上最重要的物種資料庫？

因為北緯二十三．五度通過台灣，冰河時期的嚴苛氣候對台灣的影響最少，因此能保留下很多植物，整個台灣島就成為世界植物的寶庫。我在登山旅行的過程中常有許多觸動，不只是市區的郊山，還包括高山百岳。我喜歡爬到雪山，南橫、那種三千公尺以上的高山，過程中我會非常震撼與感動，因為這可能是世界上唯一能看到這樣景觀、這樣的植物組態的地景。從太古以來存在的自然跟大山，讓我從心裡油然而生一種感動：「我們可不可以把這樣的自然，帶回到我們的都市裡面？」唯有鼓起勇氣離開熟悉的城市，踏進未知的島嶼高山荒野，才能有此體會。

寂靜無事之狀態或心中呈現平靜澄澈之境地，很有可能必須藉這隨時隨地出發的旅行，帶給我們某種程度的精神境界。

「人生に、野遊びを」，喜愛Snow Peak的朋友們一定常在它所有的商品廣告上看到這句話，這句話翻譯成中文就是：「讓野遊成為人生的一部分。」也就是讓自己的生活融入自然，如此簡單。

藉由清志老師這本書的啟發，讓我們為自己開啟人生的野遊機會吧。

人生に、野遊びを！

—自序— 兩位大叔的叛逆公路冒險—

回想去年（二〇二二年）暑假的環島旅行，很像是一部公路電影。不是《陌路狂花》（*Thelma & Louise*），也不是《逍遙騎士》（*Easy Rider*），其實有點像是《我出去一下》（*I'm Off Then*），因為我們的公路旅行並不完全是在公路上旅行，很多時候我們是以「越野」（off road）的方式去進行——跳脫生活常軌的一種旅行，是一種充滿中年叛逆精神的冒險。

我和王子亦都是學建築的人，都曾經在美國留學，也都在美國公路旅行過，每次聊起旅行，總是希望有一天可以一起去美國開車，走經典的

王子亦（左），李清志（右）

66號公路，（因為建築大師萊特也常走這條公路，他跟學生們在冬天總會開著幾台車，從芝加哥南下避暑，因為芝加哥的冬天實在太冷了！）但是這個夢想始終未能完成，這次的台灣環島紀行，也算是公路旅行夢想的前奏曲。

王大叔是我大學的學長，雖然虛長我幾歲，但是中年之後，我們竟然成了好朋友，常常一起喝咖啡，一起帶家人出國旅行，一起看建築設計。王大叔是位室內設計師，生性幽默和善，善解人意，也常常帶給大家歡樂氣息。

我們兩人都十分看重家庭，平時週末假日多以家庭為重，很少有單獨出遊的機會。我們都愛家，但是內心經常也渴望獨自旅行，享受一個人獨處的時光。我其實很早就想一個人駕車去環島探險，無奈老婆不放心，深怕我亂闖探險，陷自己於危險的境地。年輕時可以毫無顧忌地出遊冒險，但是中年大叔卻必須顧慮家庭妻小，收斂自己冒險流浪的渴望，這大概就是中年大叔內心的糾結與包袱吧！

二〇二二年夏天是一個難得的機會，王大叔的老婆蘇菲亞去美國看女兒，因為疫情，我們也沒有出國旅行計畫，在喝咖啡聊天之際，我們談到公路旅行的夢想，就決定要利用這個夏天，好好來一次環島旅行，剛好在疫情期間，我們兩家都各自購入了一台Jimny越野車，因此就希望藉著這部車的越野能力，深入台灣各地，探訪以前從未去過的地方。

環島旅行其實算不上什麼壯舉，很多人騎自行車環島、騎機車或開車環島，也有人徒步環島，比起戈壁健走或朝聖之路，台灣環島只是小case，是小學生等級的活動，但是大叔們的環島還是非常不同。我們雖然開車環島，但是我們不走高速公路或快速道路，也不靠谷歌地圖導航，而是使用紙本地圖，盡可能地貼著海岸線前進，如果有機會的話，我們甚至試圖進入沙灘越野，真正體會沿著海岸線前進的感覺。

不過最重要的還是心境上的不同，大叔們都已經在這座島嶼上生活了半個世紀以上，這座島嶼是我們的母親，是我們的故鄉，但是我們卻沒有真正去認識、了解她；我們一有機會就去歐洲、去日本旅行，我們對日本地理歷史，恐怕比對台灣還了解；所以這樣的旅行某種程度是帶著贖罪的心情，以及試圖在人生下半場對自己土地重新認識的一種急切感。

很多人有疑問，為什麼大叔環島旅行，只有兩個人，卻要開著兩台車去旅行，這樣旅行中不能互換駕駛，不是很辛苦嗎？而且居然旅館都要一人一間房，這樣不是很浪費錢嗎？

因為大叔們喜歡獨處，喜歡自己駕著自己的車，聽自己喜歡的音樂，好像西部牛仔一般，一人騎一匹馬，可以在曠野裡遊走，感覺自由又自在！雖然是一人一部車，但是我們在車上配備有無線對講機，可以隨時聯絡，有任何問題，又可以彼此照料，不至於落單危險；晚上住旅館，一個人可以好好休息，不會影響或遷就別人，也可以享受安靜孤獨的時刻，整理白天觀察的種種現象，也沉澱豐富又複雜的思慮，其實是一種非常完美的狀態。

我們的環島旅行並沒有什麼特定目的地，但是旅行結束之後，我們心裡卻有滿滿的收穫，正如日本旅行家石原裕輔所說：「即使是漫無目的地漂泊，也有其意義吧！」

對我而言，二〇二二年最值得回憶的事，應該就是大叔的環島旅行，我試著把這次旅行的點滴記憶書寫下來，作為一種對自己土地的觀察紀錄。每個在台灣旅行的人，都應該將他自己在台灣旅行的所見所聞書寫下來，作為以後的人了解這個時代台灣現實狀況的參考。

本書的出版，要感謝旅行夥伴子亦的幫忙，他在旅途中也幫我拍了許多帥氣的照片，也感謝我們的太太能體諒大叔的心情，讓我們去越野探險。特別要感謝我最信任的總編文娟，她總是認真對待我的作品；也感謝美編小雷，他的才氣讓我的書有全新的面貌；再謝謝胡金倫總編輯及其團隊，每一本書的完成都是許多人共同的努力，我的心中充滿感恩。

01

The Reason of Round Island Trip

大叔環島的理由

我住在這座島嶼上，
卻從未真正繞著海岸線走一圈，
怎麼能説是真正認識這座島嶼呢？
因此我們決定開著有越野能力的小吉普車，
完成沿海岸線繞行台灣的夢想。

一巡視台灣一

環島一直是過去未曾完成的夢想，小時候沒有走路環島，年輕時也沒有騎車環島，直到年紀已經是大叔，才想到要好好環顧一下自己的島嶼。其實過去也不是沒有環島這樣的念頭，但是沿著海岸線遊走，在我們年輕的時代，仍然是一種禁忌；學生時代還未解嚴，軍事管制時代的政府，基本上並不希望人們靠近海岸線，總是設下重重的海防關卡與碉堡，阻絕人民親近海洋，好像人民如果靠近海洋，就會追求自由而逃走一般。所以我們雖然是海洋國家的人民，卻對海洋充滿陌生感與恐懼感，說起來也是十分荒謬的事。

年輕時候曾經到海邊露營，晚上想說升起營火取暖，想不到營火才剛升起，海防部隊就來到，拿著強光手電筒，照得我眼睛睜不開，大聲喝令我將火熄滅，好像我犯了叛國通敵大罪一般，我嚇得趕緊把營火熄滅，心裡只祈求官兵不要將我抓走關入黑牢；這樣的驚嚇經驗在我內心留下陰影，也在我心裡留下了一支海防部隊，隨時告誡著我不要靠近海邊，不要在海邊活動，不要試圖出海，不要欣賞海洋之美，也不要將海洋想像成浪漫美好的事物。

沿著海岸線遊走，在戒嚴時期還是一種禁忌。

電影裡看到的海岸活動，什麼《海灘遊俠》（*Baywatch*），什麼衝浪潛水都只是外國的專利，我們的島嶼不是度假島嶼，我們是復興基地，是不沉的航空母艦，我們不能享受自然美景與浪漫；我們出遊都要謹記「復興中華文化」（復興號），要「毋忘在莒」（莒光號），要「莊敬自強，處變不驚」（自強號），我們的海岸是抵抗外敵入侵的防線，是碉堡、地雷遍布的反登陸陣地。

所以戒嚴時期成長的大叔們，在青少年時期未能親近海洋，只能做個海島上的井底之蛙，直到中年才驚覺未能真正親近台灣的海洋，未能真正沿著海岸線前進，將台灣這座島好好走一遭，以當年的語言來說，就是所謂的「巡視台灣」。

沿著海岸線巡視台灣，是一種正確認識台灣的方式，因為即便是魯賓遜漂流到未知的島嶼，他都要試圖沿著海岸線探索，走完一圈海島，才能真正認識這座島嶼。我住在這座島嶼上，卻從未真正繞著海岸線走一圈，怎麼能說是真正認識這座島嶼呢？因此我們決定開著有越野能力的小吉普車，完成沿海岸線繞行台灣的夢想。

沿著海岸線巡視台灣，是一種正確認識台灣的方式。

一自由的靈魂一

一個人開一部越野吉普車的環島旅行，猶如西部片裡的牛仔，騎著自己的愛駒，四處遊走，自由自在。美國人的汽車文化，基本上就是延續西部牛仔的自由精神，一個人、一部車，幾乎可以前往任何地方，因為美國公路綿延全國，想要逃離一座城市，只要開車上高速公路，就可以帶你到美國各地，任何你想去、或是未曾去過的地方。

不過這樣的自由，卻仍然受到道路的限制，開著汽車永遠只能在公路上奔馳，當你在公路上奔馳久了，望著周邊的青山綠水，或是遼闊的荒漠與草原，你的內心會有一股強烈的衝動，想要駛離常規的公路，衝向那片沒有公路的原野裡，這時候就需要有具備越野能力的汽車，帶著你離開道路的限制，前往一般汽車到不了的地方。

大叔環島基本上是盡量沿著海岸線巡航，走地方性鄉鎮道路，或是產業道路，算是一種「公路旅行」，但是我們又常常會離開公路去海邊越野，所以比起走高速道路要耗費更多時間，不過也徹底感受到海岸線的美麗，並且發現台灣有許多令人驚豔的祕境天堂！

在南澳的神祕沙灘上，在清水斷崖的公路上，在七星潭的海岸邊，太平洋的風，吹拂過我的臉龐，我內心強烈地感覺到一股力量，那是一股關於自由、和平與希望的力量！

南澳的神祕沙灘是一片綿延的海灘，其實就位於蘇花公路底下，沙灘上有兩處巨大的海蝕洞，是千萬年海浪拍打岩壁的證據。事實上，如果要走路前往海蝕洞，至少要走一個多小時。據說當年清兵前往花蓮，因為走山路怕被原住民襲擊，於是就沿著海灘前進，我想像他們走在沙灘上，一邊是高聳的岩壁；另一邊是浩瀚的太平洋，內心一定充

離開公路，沿著海岸邊越野，才能真正感受到自由的力量！

滿讚嘆，一種好奇與崇敬的心情，勝過了內心的恐懼。

一八九〇年馬偕博士曾經在夜晚搭船，從南方澳南下去花蓮，摸黑經過這片海岸，那天晚上沒有人想睡覺，每個人在位子上，或坐或蹲，看著這片暗黑未知的海灘。馬偕博士在回憶錄中記載著：「在我們右邊有長滿樹木的山脈，又高又長，像是座豎立的黑牆；而左邊是一片廣闊無際的海水；頭上是閃閃發亮的星星，下面也有水母、沙蠶和滴蟲，這些海洋的孩子們在發光。我曾在孟加拉灣及阿拉伯海的輪船航道上，看

在大自然的野性力量下，人類的科技與建築，顯得脆弱不堪。

過極美的景物，但從來沒見過像那一晚所見到的那樣美妙的發著磷光。」

雖然走路到海蝕洞要很久的時間，但是開車大概只要二十分鐘的時間即可，不過這樣的沙灘，並非所有的汽車都可以行駛，最好是有四輪驅動或是有加大越野胎比較適合，否則卡在沙灘上，只能想辦法找當地的拖吊業者前來幫忙。

上次就曾經有玩家到此露營，卻未能掌握潮汐時間，以至於好幾台吉普車與賓士大G車被浪濤吞噬，部分汽車殘骸有如野獸的骨骸般，被遺留在沙灘上，可見太平洋深沉的野性，潛藏著極大的力量，人類的科技在海洋面前根本脆弱得不得了！

我們來到巨大的海蝕洞，回望綿長的沙灘，看著空無一人的沙灘、海洋、山壁，感受到人類在自然中的渺小與孤獨；但是也突然發現，那些在城市生活中種種的煩惱與重擔，在這片沙灘上，似乎就顯得十分渺小、無關緊要了。

來到巨大的海蝕洞，那些城市中種種的煩惱與重擔，似乎就顯得微不足道。

一前谷歌時代的旅行地圖一

在開吉普車沿海岸線前進的環島旅行中，有一天在停留的餐廳裡，我拿出紙本的地圖出來研究，攤開地圖時，我發現對面一對年輕男女見狀，竟然露出吃驚的表情，他們可能從未看過地圖？或是他們覺得對面這兩個大叔，可能是從古代穿越時空來的奇人？

我們在進行環島規畫時，就特別去買了紙本地圖，一方面紙本台灣地圖可以給我對台灣有全面性的了解；另一方面，我們要沿著海邊行駛，通常谷歌導航地圖，並不喜歡引導我們走這些道路，谷歌喜歡帶我們走又快又省時的路線，可是那通常並不是我們想走的路線，我們有時候要走的地方，甚至連道路都沒有。

例如從台東到鵝鑾鼻這段路，感覺好像很近，很快就可到達，可是谷歌導航就一直要帶你走南迴，然後從恆春西海岸繞過去，因為谷歌覺得這是最快的道路。我們只好自己摸索，然後才發現，沿著海岸線環島，並非想像中的容易，特別是從台東到鵝鑾鼻這段路程，會遇到一個自然保護區、一個飛彈試射基地，所以都必須繞道遙遠曲折的山路，才能回到海邊，

紙本地圖是一種古典的旅行概念。

不過還好當時天氣不錯，最後終於在天黑前來到滿洲鄉。

使用紙本地圖的好處，在於使用者可以對於旅程先有概括的認識，而且旅行結束之後，你腦海中就深深烙印著那個地區的地圖，永遠不會忘記。我還記得以前我有一本《東京23區地圖》，我在九〇年代，每次去東京旅行，都帶著這本地圖集，內心就有安全感，因為知道不會迷路；因為這本地圖集，經過多年的東京旅行之後，我對東京的方位幾乎瞭如指掌，這本地圖集幫我建立起腦海中的東京地圖。

現代人旅行，不再使用紙本地圖，所有人都用手機裡的谷歌地圖，雖然很方便，谷歌大神隨時會告訴你如何前進，走哪一條路，以及是否要加油，哪裡有測速照相機等等，非常貼心，也非常仔細；不過太常依賴谷歌的旅人，會變得失去方位地理概念，甚至當失去網路連線時，可能會陷入不知所措的窘境。

我有一種比較古典的概念，就是每個人其實都應該具備閱讀地圖、使用指南針的基本能力。就像是一位航海家，即便是在現代，有著高科技的衛星導航系統，在基本訓練中，仍舊要會看星座、讀海圖、看燈塔位置的能力，這也是為什麼在谷歌衛星導航的時代，我們的燈

即便是在衛星導航的時代，人們還是需要有會看星座、讀海圖、看燈塔位置的能力。

塔依舊還在運作的原因。

燈塔是暗黑中的明燈，同時也是航海人的地標。在大叔環島旅行過程中，我們也走過好幾座燈塔，藉此標注我們的海岸線旅程，從北邊的鼻頭角燈塔、三貂角燈塔，到南邊的鵝鑾鼻燈塔、西邊的國聖燈塔、王功的芳苑燈塔，以及觀音的白沙岬燈塔等，我們好像畫連連看的小朋友，只要把這些燈塔連在一起，就可以環島一周。

紙本地圖另一個好處就是，我們可以在地圖上加注許多地點、畫下許多走過的路徑，甚至加上一些地圖上沒有的祕境與神祕空間，讓這張地圖成為獨一無二，屬於這次旅行的紀念品。我們當然也特別把燈塔的位置加注在地圖上，也把好吃的小吃店家、賣棉麻織品的風格小店等，都加注其上，將來只要翻開這張地圖，就可以閱讀出許許多多旅行的點滴記憶。

對於很多年輕人而言，沒有谷歌地圖，幾乎就失去了旅行的能力！或許可以試試看，把谷歌地圖丟掉，拿出紙本地圖來，重新拾回那種與生俱來、古典的導航本能，你將會發現前谷歌時代的旅行方式，其實充滿著許多不一樣的樂趣。

三貂角燈塔是一座典型三〇年代現代主義的摩登建築。

一吉米小車的傳奇一

大叔環島中使用的交通工具，是一款稱為Jimny的小型吉普車，這輛奇特的小車，竟然在台灣賣到爆，訂車之後還要等將近一年半，甚至兩年才能交車！而且因為訂單爆量，車廠竟然兩年前就停止接單，訂單至今依然未能完全消化完畢；我雖然訂了車，可是卻因為遲遲等不到交車，只好加價跟別人買剛領到的新車。

吉米小車是日本輕型的運動越野車，車身短小、空間不大，卻因為輕巧多用途，而在世界各地暢銷多年，第四代的改版明顯走復古路線，呈現方正的外觀輪廓，擄獲了現代人的心，成為都會小車新寵，但是這輛車不是只有造型吸引人，在郊外荒野的越野表現也十分出色，因此輸入台灣之後，就受到人們的喜愛與搶購。

吉米小車的暢銷顛覆了設計界的傳統觀念，過去我們總是希望設計出一輛完美的車型，讓所有消費者都能滿意；但是吉米小車並不完美，這輛車有許多缺點，以至於買車的人領到車之後，通常就會直接開到專業改車廠進行改造。想要跑高速公路的人，會換掉過於軟爛的

吉米小車代表著一種來自郊野的呼喚。

懸吊系統；想要越野溯溪的人，會加裝護板、呼吸管，甚至舉升高度、換更大尺寸的輪框、輪胎；對於那些不想越野，只想在城市裡遊走的人，可以改裝各種時髦套件，甚至改成類似小型的賓士G Class或是小型的Land Rover Defender車型，讓每個人的夢想都可以在這輛車上實現。

吉米小車的魅力就在於其改造的過程，這輛車有如一台積木玩具車，可以任你拆裝改造，所以每個人的吉米小車都不一樣，都有其個人的獨特性；人們也在改裝的過程中，重新得到童年玩積木小汽車的樂趣。

在疫情緊張的時刻，吉米車成為逃離擁擠恐慌的最佳工具。

吉米小車作為一台硬派四輪驅動越野車，事實上，也代表著一種來自郊野的呼喚，一種喚醒你內心自然野性的裝置。擁有一台吉米小車，似乎就擁有了拓荒的能力，越是崎嶇的道路、越是泥濘的水坑，越是有一種想要越過去的衝動；因此駕駛吉米小車有如西部拓荒時期，獨行俠騎著千里馬一般，奔向從未去過的荒野祕境；又像是太空探險家，駕駛著企業號太空船，前往浩瀚無垠的未知宇宙。（這也是為什麼在大叔環島中，兩位大叔要一人開一台車，這樣才能享受一種孤獨的美感。）

曾經是疫情緊張的時刻，當人們想要逃離人群擁擠的城市，渴望到一處無人的境地，享受獨處、沒有害怕與壓力的地方；吉米車遂成為逃離疫情恐慌的最佳工具，猶如挪亞方舟帶著人們逃離世界末日。當人們駕駛吉米小車進入山林深處，或是到天涯海角之處，在那個無人的地方，人們恐慌的心情得到慰藉，緊張的情緒得以紓解；同時城市人開始在獨處中發現自我，與自己的內心對話，甚至聽到內心微小的聲音。

美國探險家李察・柏德（Richard E. Byrd, 1888-1957）在其著作《獨自一人》（*Alone*）中就表示，對他而言，去無人之地探險，不僅是去發現未知之地，也是去發現自我。他想

吉米車帶我到許多未曾去過的野地祕境，找到獨處的意義。

「隻身獨處一段時間，品嘗平和、安靜和孤獨，想發現這種狀態的益處」。亨利・梭羅在《湖濱散記》一書中，也分享他的荒野獨處經驗，他說：「我發現，大多數時間獨處是有益健康的。」

在疫情蔓延之際，我們被困在這個幸福的小島上，無法向外去世界各地旅行探索，但是吉米小車卻可以帶我們在島內探索未曾去過的地方。擁有一輛吉米小車，等於開拓了我的境界，我可以深入狹窄崎嶇的林道，穿越激流野溪，進到未曾去過的台灣祕境，讓我體會未曾有過的野地經驗；同時也讓我在無人的荒野，找到了獨處的意義。

台灣公路上也有許多令人意想不到的建築景觀。

02

The Meditation of the Turtle Island

龜山島的沉思

龜山島的山巒比我想像的險峻高大，
島上的地洞坑道比我想像的深邃複雜，
然後我才知道，原來我從未真正認識過龜山島。
台灣有太多地方，我們總覺得是熟悉的，
事實上卻是陌生的；
我們總是想像著那些地方是什麼樣子，
卻沒有真正地去接近那些地方。

一觀看基隆的方式一

沿著海岸線環島旅行，讓我們對自己的土地輪廓有不同的認識；我們觀看自己的城市，也可以因為角度的不同，而有不同的看法與認知。

觀看城市的方法很多，可以從摩天大樓或高塔頂端鳥瞰，也可以搭直升機繞行，或是搭乘雙層巴士、高架捷運穿梭其間，不同的觀看方式，可以帶來對城市不同的認識。對於一座水岸城市而言，有一種更浪漫的觀察方式，就是搭船去觀看這座城市。

很多城市都有搭船漫遊城市的行程，倫敦泰晤士河的遊覽船，可以帶你看遍倫敦眼（千禧之輪）、泰德美術館、千禧橋、倫敦塔橋，以及千禧圓頂、碎片塔等；日本東京的隅田川舟遊，可以從淺草上船，順流而下，穿越彩虹大橋，來到台場富士電視台，也可以搭乘依照松本零士《銀河鐵道999》漫畫中的太空船，所打造的科幻風格渡船，甚至搭乘江戶風格的日本料理「屋形船」，享受水上料亭的趣味；芝加哥摩天大樓林立，因此有一種搭船看建築的行程，遊覽船緩緩駛入運河中，由專業的導覽員解說每棟知名大樓的歷史；法國巴黎塞納

觀察城市最浪漫的方式，就是搭船漫遊城市。

河上的遊船也十分有名，可以悠閒地看到艾菲爾鐵塔、聖母院、羅浮宮等等，甚至有餐廳遊船，可以享用法式料理、啜飲香檳美酒，然後遍覽巴黎城市風情。

水岸城市是浪漫的，而且從水面回頭觀看城市天際線，整座城市更顯得美麗動人！可惜台灣城市多半缺乏搭船遊覽城市的機制，白白浪費了城市的水路觀光資源。台北市有淡水河、基隆河，卻沒有妥善的遊船規畫，過去曾經試著去經營這樣的水上路線，後來卻無疾而終；而台南過去雖然有現成的運河系統，卻也沒有類似的城市遊覽船的設置；目前似乎只有高雄市有現成的港區遊覽船規畫，讓觀光客可以搭船欣賞城市風貌。

台灣城市缺乏水路觀光船的規畫，主要原因是港灣行政分屬不同的單位，商港有商港的管理單位，漁港則是另有其管理單位，城市觀光局想要整合協調出水岸遊覽船的機制，並且成為常設路線，並不是一件容易的事。不過基隆市政單位去年突破層層關卡、協調許多公務管理單位，蓋下幾百顆圖章，才終於讓搭船觀看城市夢想實現。

基隆是一座美麗的海港城市，但是我們很少從海上的角度來欣賞這座城市，只有在搭乘郵輪進出港時，才有機會從不同的角度來觀看這座城市。「二〇二二基隆城市博覽會」期

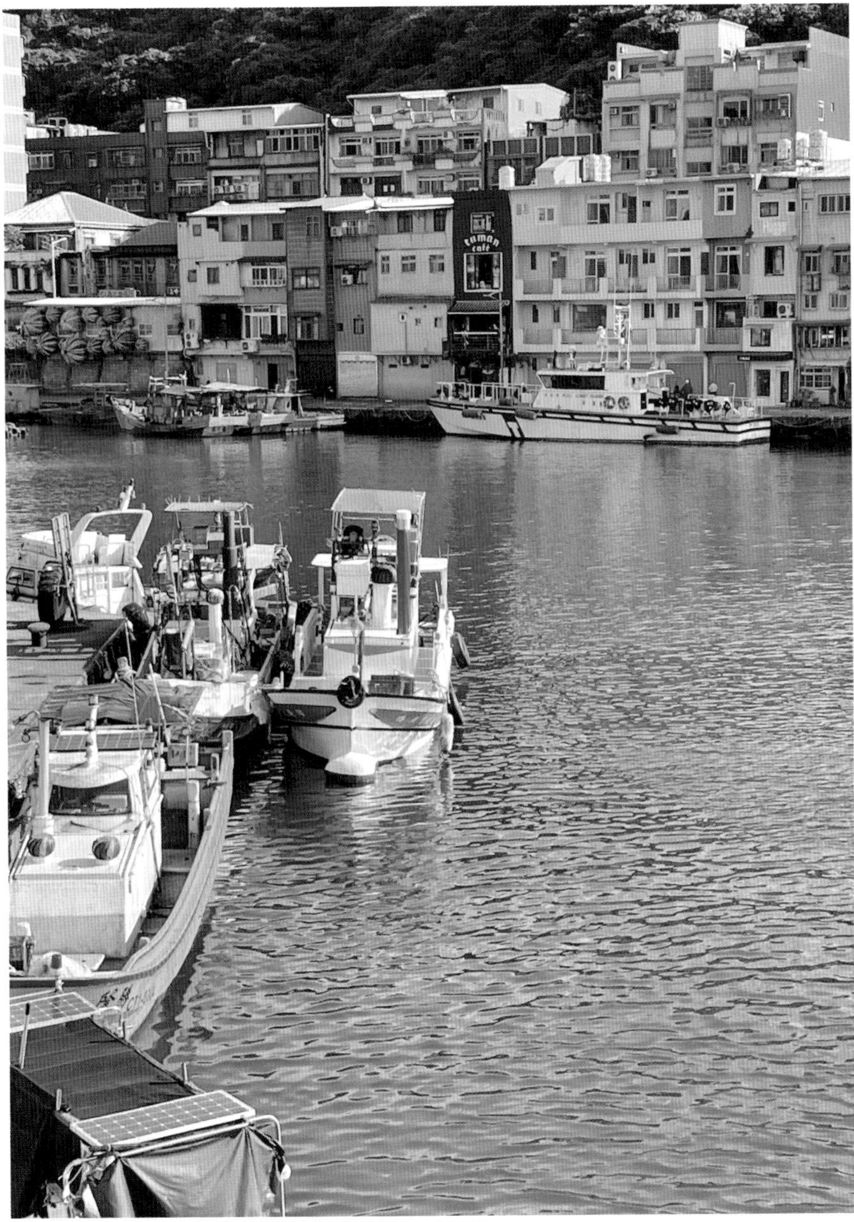

從水面觀看基隆正濱漁港美麗的城市景象不輸威尼斯。

間，大會特別安排了「水路」的方式，讓參觀者可以搭船從基隆車站前往正濱漁港，就像世界上許多城市有「水上計程車」（water taxi）或是「水上巴士」（water bus）一般。

從剛完成有朱銘雕塑群的國門廣場開始，登船開始欣賞基隆這座山海之城的美好，可以遠眺地標山上的「KEELUNG」字樣，以及旁邊舊太平國小改建成的太平青鳥書店；東岸碼頭則可以望見巨大郵輪停靠的港務大樓，然後是海軍陽字號驅逐艦以及派里級巡防艦等，其後則是壯觀的貨櫃碼頭起重機群，這些景觀讓遊客們都大呼過癮！然後遊覽船駛過清法戰爭遺址大沙灣，最後看

「水上巴士」可以讓市民及遊客從不同的角度觀看自己的城市。

基隆山頂上的地標：KEELUNG。

見許多造船廠、修船廠，以及基隆漁會大樓，進入正濱漁港，最受遊客歡迎的正濱漁港彩色屋就映入眼簾。整個遊船行程非常豐富有趣，兼顧自然景觀與歷史意義，凸顯了基隆這座城市的豐富性。可惜這樣的「水路」服務，只有在城市博覽會時期才有，衷心期盼基隆將來每天都有水上巴士運行港灣，讓遊客可以更方便搭船遊覽這座美麗的城市；遊船路線還可以穿越八尺門水道，繞過和平島，甚至遠至海科館，讓遊客可以了解到西班牙人早在四百年前，就已經在和平島生活，並且建立了聖薩爾瓦多城，讓這段水路遊覽行程，幫助我們認識現在的基隆繁華以及過去的深刻歷史。

一登陸龜山島一

開著吉米車繞過東北角，望見海面上孤獨的龜山島身影，就知道宜蘭快到了！不論是夏日的藍天碧海，抑或是冬季的陰雨綿綿，龜山島總是迴游在海岸邊，與陸地保持著一段若即若離的距離，更增其神祕的魅力！

在黃春明〈龜山島〉詩句裡，我才了解到，龜山島是蘭陽子弟們在異鄉流浪時，夜裡失眠的原因；是他們孤獨困苦時，內心長存的哀愁。我也喜歡《木冬詠歌集》中所描述的，龜山島像是一位隱士，隱於大海之中，像是被拒於集體之外，或是根本就是一種對集體的背叛。

對於很多人而言，望著大海中的龜山島，會覺得這座島嶼了解他內心的孤獨與寂寥，龜山島就像這些不被群體接納的人，最好的心靈同伴！很多人從小就看著龜山島、長大離家想著龜山島、退隱蘭陽平原時與龜山島為伴，臨終葬身櫻花陵園，一樣可以遠眺龜山島。龜山島不僅是宜蘭的名勝景點，也是他們內心永遠的心靈地標。

對我而言，龜山島就像是富士山一般，是遙遠的，只能遠觀不可親近。我從來不曾想過

龜山島是宜蘭人內心永遠的地標。

登上神祕的龜山島是我內心長久的欲望。

要去攀登富士山，我只愛遠遠觀看她的美麗，看著富士山的若隱若現；同樣地，我也不曾想過要登上龜山島，我比較喜歡在蘭陽平原遊走，從不同的角度遠望觀察，想像它是一隻洄游在外海的神祕巨龜。

但是登島的欲望是十分奇特的，我登過澎湖的無人島、東港的小琉球、澳洲的摩頓島，甚至瀨戶內海的無數小島，但是真正讓我有強烈欲望想要登島的地方，只有號稱廢墟聖地的「軍艦島」。軍艦島曾經繁榮熱鬧過，也曾經被封閉禁入，成為無人荒涼的廢墟，幾年前獲選為聯合國世界文化遺產，曾經短暫對外開放過，後來又

當你望著海面上的龜山島，會覺得這座島嶼了解你內心的孤獨與寂寞。

因為工業遺跡有毒物質評估過高，因此又再次封閉禁止登島。或許是太過於神祕吧，我當年趁著開放期間，在寒冷的冬天，冒著起伏的巨浪前往軍艦島，船家當時還告訴我，因為海象多變化，船隻到軍艦島時，不能保證是否可以靠岸登陸。我當時只想說，一定要親眼見到軍艦島，即使無法登陸島上，也沒有關係！幸運地，那天我們終於成功登上神祕的軍艦島，揭開了軍艦島神祕的面紗，也讓自己有一種猶如神話英雄，終於奪取金羊毛皮，踏上歸程的榮耀感。

龜山島是台灣海域少數具有某種神祕色彩的島嶼，它不僅有著神獸般的想像與

龜山島猶如一隻洄游在外海的神祕巨龜。

傳說，同時也和軍艦島一般，都曾經被封閉進入一段時期，更增添了人們想去一探究竟的欲望。疫情嚴重期間，只能在國內旅行，讓我突然有一種想要去龜山島的奇特感覺，因為宜蘭的大小景點幾乎已經走遍，但是那座游移在海外，熟悉卻又陌生的島嶼，我卻沒有真正去認識了解。

登島的那天，其實風雨很大，東北季風讓人幾乎要打消出海的念頭，但是大片的牛奶海、濃郁的海底硫磺味，似乎歡迎著我們進入一個奇異的領域；未曾看過的顏色與異空間的氣味，加添了我登島探險的好奇與勇氣，然後渡船繞過島嶼，風浪幾乎平靜，我們終於順利登上龜山島。

龜山島的山巒比我想像的險峻高大，島上的地洞坑道比我想像的深邃複雜，然後我才知道，原來我從未真正認識過龜山島。台灣有太多地方，我們總覺得是熟悉的，事實上卻是陌生的；我們總是想像著那些地方是什麼樣子，卻沒有真正地去接近那些地方。

這幾年新冠疫情限制了我們去異國山水探險的腳步，卻也給了我們一個新的機會，讓我們可以重新去認識我們自己的山與海！

一海邊的神祕聚落一

為了逃避城市中疫情擴散的緊張氣息，我時常駕著小吉普車到山林海邊，去尋找暫時的放鬆與平靜。宜蘭的海邊是我常去的地方，因為這片沙灘平坦遼闊，以蘭陽溪出海口為中心，北段延伸至頭城附近，南段則延伸至蘇澳地區；只要駕駛著四輪驅動的車輛，幾乎就可以沿著海岸線快意奔馳。

這片海灘雖然十分平坦，卻不會無趣，因為站在沙灘上除了看綿延的海岸線之外，還可以看到宜蘭獨有的龜山島風景。龜山島有如一艘巨大的戰艦，巡迴在海岸外；又像是巨大的海龜神獸，洄游護衛著宜蘭地區，站在海灘上看海、看龜山島，感受龜山島不同時節，不同天氣下的變化，令人不禁神往。

靠近蘭陽溪出海口附近，則可以看見許多水鳥棲息活動，看著小燕鷗成群快步奔走在沙灘，感覺非常療癒；若是清晨來到這裡，可以看見許多釣客站立海灘，手持釣竿，等待清晨上鉤的大魚，同時也可以看到漁船穿梭在龜山島與海岸線之間，甚至觀賞到龜山島日出的奇

每到冬季，宜蘭海灘就會出現成群的神祕小屋。

幻美景。

到了冬季，海灘上突然會出現許多奇特的小房子，從十幾棟一直增加到上百棟，大大小小的小房子綿延沙灘上，形成了一處神祕的快閃聚落。原來每年十一月至隔年二月開放捕鰻魚苗季節，捕鰻魚人就會群聚宜蘭海岸邊，他們用手拉網捕捉價值不菲的鰻魚苗，運氣好的人，一個晚上可以有好幾萬，甚至十幾萬元的收入。

這樣的臨時聚落其實就是一種「淘金聚落」，就像過去西部淘金客一般，人們帶著投機的心態來到這裡，試圖在短短的秋冬捕鰻苗季節，可以大撈一筆。但是

「淘金聚落」的漁民用各種撿來的廢料搭建他們的海灘小屋。

捕鰻苗漁民用台北豪宅房地產廣告帆布搭建小屋，形成一種反諷的畫面。

在海邊捕鰻苗也不是件輕鬆的事，他們必須忍受暗夜的寒風冷冽，用手拉網與洋流對抗，有時候洋流太大，人力無法對抗，這時候就必須忍痛放手，否則不僅漁獲不保，甚至會連人都會被洋流捲走，過去就曾經發生過這樣的悲劇。

不過海難悲劇卻阻擋不了人們淘金的熱切，每年仍舊有許多人在捕鰻苗季節，湧向宜蘭海灘捕鰻苗，「淘金聚落」裡甚至有一座「福利社」，供應捕鰻淘金客飲料、泡麵、小吃零食，讓淘金客們在寒冬夜裡，可以在此相聚閒聊，喝喝維士比加米酒，度過寒冷的冬夜。

這些臨時搭蓋的捕鰻棚架，就是他們遮風避雨的生存空間。棚架大小不一，有的簡單實用，有的豪華寬敞，基本上是將鋼筋插入沙灘中做基礎，再套上彎曲編織的塑料管，外層再加上帆布皮層；有趣的是許多棚架都是使用廢材再利用，例如房地產廣告或是競選廣告的帆布等，形成一種奇特的景觀。這些庶民的智慧所搭建的臨時小屋，也帶給我們一些建築的靈感，或許可以成為將來災後重建安置難民的方式之一。

上次去海邊就發現有一座捕鰻棚架，利用大型房地產廣告帆布作為棚架的皮層，帆布上寫著大字「北市正核心」，原本強調豪宅房地產位於精華蛋黃區的廣告，竟然出現在宜蘭海邊臨時建築上，感覺十分諷刺與荒謬！

我雖然不是捕鰻苗的漁民，但是我卻滿羨慕他們的生活！人生某些時段可以拋下城市生活的種種，獨自來到海邊，在親手修築的小屋裡生活，正有如亨利．梭羅的《湖濱散記》一般，脫離物質文明所帶來的精神貧乏，回歸到大自然裡，過著簡單生活，或許可以讓飽受城市文明摧殘的心靈，重新豐富起來，體會「少即是多」（Less is More）的真諦。

人生某些時刻可以拋下城市生活的種種，獨自來到海邊，在親手修築的小屋生活，是令人羨慕的！

一寧靜是旅行的最高享受一

年輕時的旅行喜歡追求新潮熱鬧，大叔的旅行卻是在追尋寧靜與平和。開著吉普車沿著海岸線尋訪祕境，目的就是要享受台灣難得的僻靜之地，沒有人潮擁擠的吵雜，沒有狂亂購物的興奮；有的只是撫慰人心的浪濤聲，以及內心的清靜與平和。

這幾年的旅行，我的旅行逐漸避開熱鬧景點，而是往無人的祕境去探險。疫情前我來到杜拜沙漠中的頂級旅店 Al Maha，那是一座位於荒漠中的奢華度假旅店，只有數量有限的客房，散布在荒漠綠洲的不同角落，每間客房都有自己的私密游泳池，你可以脫個精光裸泳，也不會怕有人看見，因為每個客房都面對著一望無際的沙漠，只有野鳥和瞪羚偶爾會偷偷跑來喝泳池的水。

入住 Al Maha 沙漠旅店後，當然會有奢華的下午茶、晚宴，一直到第二天中午用餐後才離去，旅店怕有人會無聊，也會安排許多沙漠活動，包括黃昏喝香檳賞日落、越野車觀賞野生動物生態、騎駱駝體驗，以及清晨獵鷹訓練、越野車衝沙等等活動，許多人不甘寂寞地參

年輕時的旅行喜歡追求新潮熱鬧，大叔的旅行卻是在追尋寧靜與平和。

加了許多活動，想盡辦法要把在沙漠飯店的住宿時光全部填滿，深怕住在沙漠中會無聊至死。但是很奇怪的是，很多西方遊客來到沙漠旅店，就是待在客房中，也不參加任何活動，孤單一人，直到退房為止，這種現象讓我覺得十分納悶不解，不過當我真正去住過沙漠旅店之後，才真正了解其中的原因。

當我入住沙漠旅店，剛開始被沙漠中的寧靜所震懾，甚至不知所措，慢慢地，我才開始享受這種日常生活中難得的寧靜時空。偶爾，會看到小瞪羚偷偷摸摸從窗外走過；偶爾，不知名的黑色禽鳥會飛到泳池邊喝水，一切是如此安詳與美好，以至於我捨不得離開房間去餐廳用早餐，特別叫 room service 的早餐，然後我才恍然大悟，原來寧靜與孤寂才是沙漠旅館真正昂貴的原因。

旅行可以分成幾個階段：初階的旅行，只停留在購物與吃喝，他們的旅行只是物欲與口欲的滿足；第二階段的旅行，會開始追求知識的滿足與不同的身體經驗，他們可能會希望得到更多知識上的收穫，以及不同活動帶來的體驗；但是最高境界的旅行，已經不再焦慮能夠得到什麼，而是真正的安靜與休息，在大自然中，讓忙碌、汲汲營營的心靈，可以真正放鬆，真正在平靜中重新得力。

可惜現代人並不會享受安靜與獨處。法國哲學家巴斯卡（Blaise Pascal）曾說：「人類所有的問題，都源自於人無法獨自一人安靜地待在房間裡。」特別是在手機網路年代裡，人們更無法甘於寂寞，總是要看電視、玩手機或是打電動，無法真正享受寧靜與孤單。

疫情前去京都旅行的日子裡，我去了吉田山上的茂庵，那是一家位於山林裡百年木造茶屋改成的咖啡店，你必須徒步登山才能到達。吉田山並非什麼大山，其實只是位於京都大學後方的一座小山，有點像是台北市的芝山岩一樣，山上原本有幾座私人的木造茶屋，但是經過多年歲月，茶屋多已傾頹，屋主將其中一棟改造成咖啡館，成為一家隱藏在山林中的祕境咖啡店。

我總是在想，喝杯咖啡還要爬山穿越森林，幹嘛這麼麻煩？可是當我爬山進入森林，四周空無一人，只有清涼的山林綠蔭，感受到一種市區所沒有的純然寧靜，我才領悟到，原來到茂庵，不是單單只是為了喝一杯咖啡，而是為了享受山林裡的寧靜，讓心靈得到難得的安息。

茂庵座位不多，但是開門前，門口已經有若干人排隊，他們在山林裡等候，沒有人大聲喧譁、沒有急躁與不安，安靜地似乎與山林融合在一起。好不容易店門開啟，大家有秩序地脫鞋魚貫而入木屋內，各自坐定，品嘗咖啡或抹茶，看著窗外的山林與遠方的風景，感覺自己與世隔絕，進入另一個時空。

原來爬山到山林裡喝咖啡是一種朝聖的儀式，在上山的路徑中，讓心靈預備、安靜下來，將塵世的瑣碎煩惱，一點一點丟棄在山下，然後可以毫無憂煩地，在山上寧靜地啜飲著咖啡，感覺那是一杯最好喝的咖啡。

原來享受寧靜才是旅行的最高境界！

京都的寺廟很多，有名的寺廟經常是人潮絡繹不絕，特別是金閣寺、銀閣寺、南禪寺等知名景點，總是充滿著遊客的身影；特別是在春秋之際，寺院的櫻花紅葉美景，更是吸引了滿滿的遊客人潮，有時難免會失去了寺院的寧靜與清幽。

南禪寺附近開了第一家「京都藍瓶咖啡」，利用老舊木造建築改造，令人耳目一新！不過南禪寺附近還有一座名園——無鄰菴，卻少有人知道，這座庭園在日本最美庭園排行中，

爬山是一種朝聖的儀式。在上山的過程，將俗世煩惱一點一點丟下，
讓心靈安靜沉澱下來。

名列第五，加上規模不是太大，所以經常被人忽視，只有在秋天楓紅時，才會有人慕名而來。

無鄰菴因為鄰近琵琶湖疏水，因此當年是動用關係，引入疏水的水源，造就了庭園的山水風景。整個庭園十分隱蔽，外有高牆環繞，但是庭園借景東山，讓視覺上不至於受到限制。想要進入園林，必須先彎腰從一個矮小的入口進入，猶如進入千利休的茶庵一般，也有如進入愛麗絲夢遊記裡的兔子洞，然後感覺一切都靜止了，聲音也切換到靜音模式，是一個脫離塵世的天堂異境。

我很喜歡「無鄰菴」名稱的概念，雖然這個園林的命名是從「德不孤、必有鄰」的古老格言而來，他以自己「無鄰」來謙稱自己「無德」，也是有趣的手法。但是我的確羨慕他的「無鄰」，現代都會生活中，大家都住在公寓大樓裡，想要「無鄰」談何容易！

人們總是喜歡宣揚敦親睦鄰的概念，強調「有鄰」的重要性與必要性，似乎「無鄰」是一種罪惡，或是一種缺憾；但是當我們反省現代生活的問題，那些居住的煩惱困擾，那些八卦閒言閒語，那些鄰里間的糾紛打擾，造成生活中的心靈不安與擾動，無一不是從「有鄰」

才發展出來的。

「如果沒有鄰居多好」，這是許多人內心的渴望與奢求。「無鄰」的確是現代人可望不可及的境界，「無鄰」不僅是在實質空間上沒有鄰居，也要屏除智慧網路、現代通訊設備「天涯若比鄰」式的干擾。讓自己真正陷入一種孤獨的境地，在這樣的獨處時空裡，人才能真正認識自己，真正享受心靈的安息。

我來到無鄰菴的榻榻米空間，望著窗外的庭園，感覺涼風徐徐，即便沒有冷氣，也覺得輕鬆愉快！這就是所謂的心靜自然涼嗎？

寧靜與孤獨果真是旅行中的最高享受！在這個奇怪的世代裡，即便是五星級高檔旅店，也可以看到紛亂的旅行團遊客，以及大聲尖叫奔跑不受控制的小孩，想要尋獲一方心靈淨土，變得十分困難！也難怪那些避靜式的旅遊地點，都會限制幼齡兒童的入住，甚至有些地方還規定不能使用現代電子通訊產品，這樣的規畫無非是希望讓旅人可以從現代嘈雜生活中解放，來到一個「無鄰」的境地。

03

The Calling of the Pacific Ocean

太平洋的呼喚

東部海岸線應該是台灣最美的海岸線，

這裡有太平洋的風、蔚藍的海洋、撫慰人的沙灘，

以及充滿生命力的藝術創作，

這些都是我們台灣人必須努力去捍衛與保存的東西。

衷心期望西海岸那些消波塊與科技開發，

不要汙染東海岸的美麗，

讓我們依舊可以有一處解憂的天堂異境。

一太平洋的風一

東部海岸面對蔚藍的太平洋，每次站在東海岸邊，遙望著海平面，太平洋的風，吹拂過我的臉龐，感覺是自由、和平與希望。那幾天在東海岸濱海公路，我們一直在車上播放胡德夫的歌曲〈太平洋的風〉，他用低沉有力的嗓音唱著：

是太平洋的風徐徐吹來，吹過所有的全部，
裸裎赤子，呱呱落地的披風，
絲絲若息，油油然的生機，
吹過了多少人的臉頰，才吹上了我的，
太平洋的風一直在吹。

在蘇花公路上，停靠路邊，眺望廣闊的太平洋。

最早世界的感覺，最早感覺的世界。
舞影婆娑，在遼闊無際的海洋，
攀落滑動，在千古的峰臺和平野，
吹上山吹落山，吹進了美麗的山谷，
太平洋的風一直在吹。
最早母親的感覺，最早的一份覺醒。
吹動無數孤兒的船帆，領進了寧靜的港灣，
穿梭著美麗的海峽上，吹上延綿無窮的海岸，
吹著你，吹著我，吹生命草原的歌啊，
太平洋的風一直在吹……

我們就這樣一邊望著太平洋，一邊開著吉米車南下，內心充滿著喜悅與希望。

太平洋的風一直在吹，吹上延綿無窮的海岸。

太平洋的海水是迷人的深藍，讓人內心充滿喜悅與希望。

雖然谷歌地圖一直要我們去走蘇花改，但是我們執意要走蘇花公路的舊線道，因為真正壯觀的山海風景都在蘇花公路上。

我們在清水斷崖上可以輕鬆下車欣賞風景，空拍機升空，從太平洋的角度俯瞰美麗的蘇花公路山壁和公路上兩個大叔的身影，深深感覺我們在大自然間是何等的渺小與脆弱，我們短暫的生命在千萬年成形的大山大水間，更顯得微不足道。

在清水斷崖上，遇見一位健行者，打招呼時才發現他是日本人，他用行走的方式來環島，藉此欣賞台灣的美景。一個中文不太好的日本人，竟然遠渡重洋來到台灣，並且用最簡單的移動方式——步行，來認識台灣、欣賞台灣的自然之美。這讓我想起日本早期的台灣探險家鹿野忠雄，他曾經走遍台灣各處山野，研究台灣的自然、地理，以及人類學等，他也曾經走過東海岸，發表過關於東海岸巨石文化、石棺遺址等研究。

雖然在酷暑之下，這種獨自健行環島的方式，似乎是很辛苦，但是仔細想想，這種孤獨、緩慢的移動方式，可能才是最聰明，最能夠真正好好欣賞美麗寶島，聆聽土地心跳的最好方式。

一東海岸的海洋藝術一

我們盡可能沿著海岸線巡航，比起走高速公路要耗費更多時間，卻徹底感受到東海岸的美麗，並且發現一些未曾去過的地方。磯崎就是我曾經過，卻未曾好好觀察過的地方。

磯崎再下去就是觀光客都會去的「親不知子斷崖」，相傳古代有婦人帶孩子經過這裡，因為地形險峻，非常緊張，攀緣過這個古道時，才驚覺小孩不知何時已經不見蹤影。這樣的傳說實在太可怕，讓我不能接受，而且這個地方因為設置了玻璃棧道，已經是觀光客、網美打卡的景點，醜陋攤商林立，商業氣息濃重，再加上一些幼稚可笑的裝飾，實在慘不忍睹。

為了尋訪更自然純樸的海岸，我們沿著小路開向磯崎海邊，發現了一處稱為「母子海岸」的地方；相較於「親不知子斷崖」，「母子海岸」顯得溫馨親切許多，感覺原本失散的母子，在這個海岸又重新相聚團圓。

母子海岸遊人不多，海邊有一座展望台，海岸邊設置了許多美麗的公共藝術作品，都是以自然材質或漂流木所製作，與大自然融合一氣，完全沒有突兀或違和的感覺，令人感受到

東海岸除了美麗的太平洋，還有許多有趣的公共藝術作品。

一股荒野的力量，讓我們驚豔不已。

原來這些作品是「二〇二一年森川里海溼地藝術季」的作品，這個藝術季橫跨五個部落的地區，包括磯崎、復興、新社、貓公、港口等地，以「好野人　慢慢走比較快」為主題，企畫單位認為的「好野人」不是指金錢財富的多寡，而是希望提出東海岸原住民族人原始富足的價值觀，他們敬畏萬物，與大自然依存維繫關係，倚賴漁獵、採集、編織工藝，過著永續和自給自足的生活。藝術季的副標題「慢慢走比較快」則是認為在這個速成的年代，我們應該重新透過身體感知，學習與自然

磯崎海岸的藝術作品，反映出原住民原始富足的價值觀。

在東海岸，每天看著海天一色，養成一種樂天知命的生活哲學。

共生的智慧，擺脫欲望的束縛。

我非常認同這樣的價值觀與生活哲學，在東部海岸的生活，可以感受到一種樂天知命，雖然物質上沒有奢華的享受，但是在大自然裡的自在與放鬆，卻可以讓人內心滿足喜樂；我們不應該去追求那些物質欲望的滿足，因為物質永遠無法滿足內心的空洞，反而在大自然裡，我們才能學習到感恩與知足。磯崎海邊的作品充滿野性的活力，同時材質也非常自然環保，即使多年後被風雨毀壞，也只是自然地在海岸邊消解，不會造成環境的傷害或汙染。

吉普車繼續沿著海岸往南走，在三仙台附近的比西里岸，也有一些有趣的公共藝術裝置。以前每次搭飛機去台東，從空中俯瞰東海岸，可以很清楚地看見明顯突出海中的三仙台，過去沒有橋連接離島時，部落族人都會利用潮汐，將羊圈養在島上，漲潮時羊群在島上無法逃離，退潮時再去島上將羊群帶出來。因此比西里岸的社區營造，就請部落年輕藝術家利用漂流木，打造出羊隻的雕塑，其中一隻巨大羊隻就成了當地的新標的物。我們沿著卵石海灘越野前進，欣賞巨羊與太平洋海岸

台東加路蘭海岸的公共藝術作品。

的壯闊美景，覺得這裡的生活充滿生命力！

類似的海岸公共藝術作品，在台東加路蘭海岸等地都可以看見，這些作品與海洋大自然相呼應，呈現出東海岸獨有的藝術特色。這些公共藝術作品讓我聯想起日本「瀨戶內海國際藝術祭」的作品，他們在瀨戶內海大小不同的島嶼內，邀藝術家去當地創作，設計製作出符合當地環境與文化的藝術作品，這些作品反映出地方的特色與生命力，感覺是從當地長出來的藝術品，而不是外來的藝術創作。正如瀨戶內海國際藝術祭的藝術作品，東海岸的藝術作品也是與土地相呼應，讓自然美感與藝術創作之美融合一體，不僅不會破壞地方自然環境，同時更豐富了原本的美麗景觀，非常令人激賞。

東部海岸線應該是台灣最美的海岸線，這裡有太平洋的風、蔚藍的海洋、撫慰人的沙灘，以及充滿生命力的藝術創作，這些都是我們台灣人必須努力去捍衛與保存的東西。衷心期望西海岸那些消波塊與科技開發，不要汙染東海岸的美麗，讓我們依舊可以有一處解憂的天堂異境。

比西里岸的社區營造，請來年輕藝術家，利用漂流木，打造出巨大羊隻的雕塑。

一東海岸的方舟教堂一

我們每天早上開動吉普車準備上路時，都會先藉著無線對講機一起禱告，希望上帝保佑我們今天一路平安順利。行駛在東海岸美麗的濱海公路上，感覺就十分神聖，因為可以看見許多漂亮的教堂。在長濱附近可以看見一艘巨大的輪船，有如挪亞方舟一般，停泊在聚落山坡上，這座巨大的船型建築就是樟原基督長老教會。

原本的教堂在民國七十九年間遭受颱風吹襲損壞，在重建期間突發奇想，決定將教會蓋成挪亞方舟的造型，部落的阿美族人大家努力捐獻、義賣，抓青蛙販賣等，共同努力把方舟教堂蓋起來，成為海岸公路上令人印象深刻的建築景觀。

方舟造型的教堂在台灣共有三座，除了樟原基督長老教會之外，還有台中大肚山上的磐頂教會，以及北橫巴陵加拉基督長老教會，三座教堂都建在山坡上，正如挪亞方舟最後停泊在山頂一般。教堂建築設計成方舟造型，很容易讓人聯想到挪亞方舟，但是台灣地區除了有方舟教堂之外，在屏東市區還有一座飛機造型的教堂，建築物立面是一台飛向天空的噴射

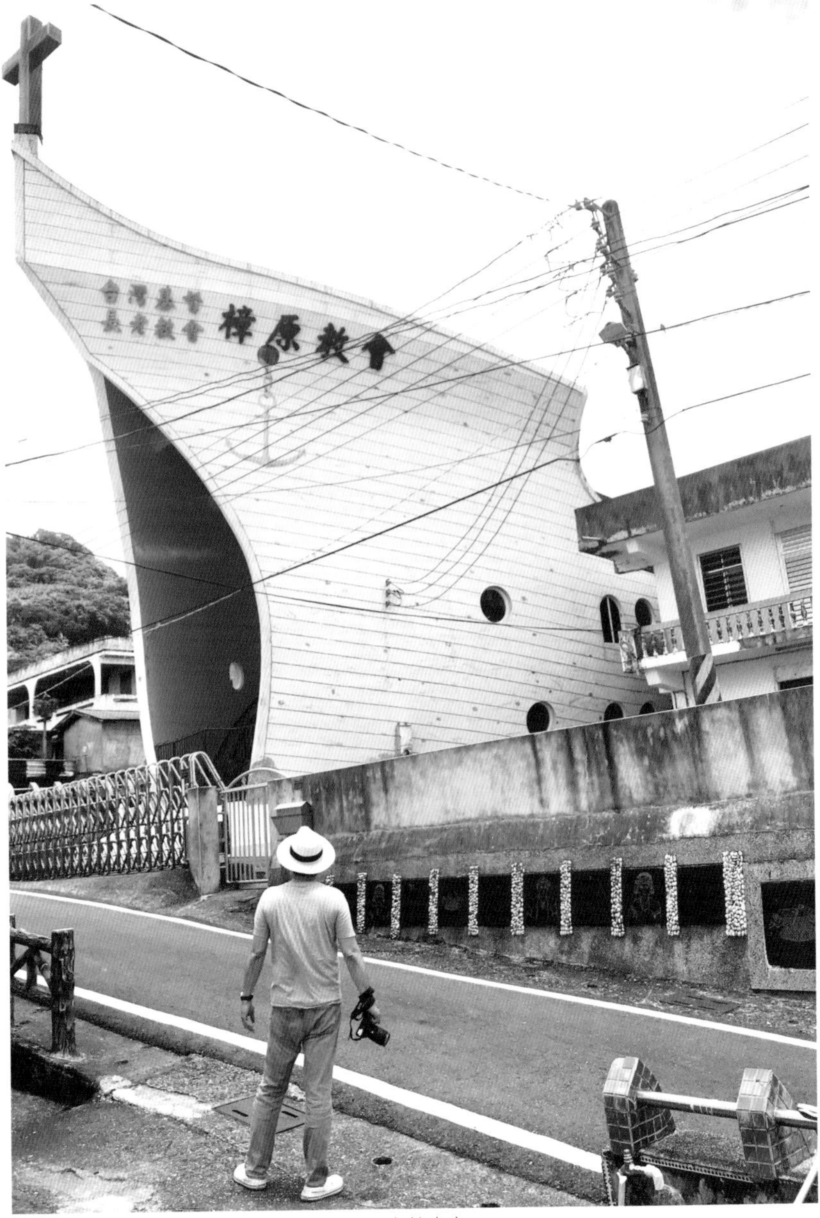

東海岸的樟原基督長老教會是台灣三大方舟教堂之一。

機，非常耐人尋味！我以前看了心中納悶：難道這是意味著上教堂死後可以直上天堂？後來才知道原來飛機教堂附近是空軍的眷村，飛機是他們內心最熟悉、也最掛念的事物。

事實上，這種「招牌建築」源自於美國加州公路邊，因為汽車文化的影響，人類在高速公路上的移動速度變快，原本招牌上的文字，已經來不及去閱讀，因此人們就把建築物做成巨大造型物，吸引駕駛人目光，讓駕駛人很快就可以了解商品販賣的內容；好比說巨大的輪胎建築，就是販賣輪胎的店，巨大的漢堡就是漢堡快餐的店，而巨大的甜甜圈則是甜甜圈專賣店等等，是圖像文化下的產物。這種「招牌建築」又被稱作是「普普建築」（Pop Architecture），在後現代主義建築時期，被拿來以符號學做解釋，討論建築皮層的意義。

樟原基督長老教會的方舟教堂，應該是所有方舟教堂中最高大的，四層樓高的建築，在部落中猶如一艘大輪船，遠遠就可以瞧見，特別是公路上的駕駛人，很難不被這座教堂建築所吸引！歷史上有兩艘最有名的船，一艘是挪亞方舟，代表著上帝的審判與救贖；另一艘就是鐵達尼號，代表著人類的自大與毀滅。大家可能不知道，輪船其實對於現代建築的發展，帶來許多的靈感與啟示。

現代主義建築大師柯比意，在大旅行年代裡，在搭乘大型郵輪時，對於郵輪上明亮寬敞的空間，印象十分深刻。他所設計位於巴黎近郊的薩維亞別墅（Villa Savoye），有著輪船的圓型柱子、欄杆，以及帶狀窗等等，後來設計的馬賽公寓，整棟建築更像是一艘大型郵輪。柯比意甚至在塞納河上設計建造了一艘「漂浮的建築」混凝土船：「漂浮庇所」（Asile Flottant），作為收容難民的庇護所使用。

方舟教堂巨大的船首，豎立著紅色十字架，非常強烈與顯著！圓弧形的船身與真實的船隻造型接近，這樣的外型想必當初施工並不容易；有如輪船上的圓型開窗，則讓每個在教堂內做禮拜的會友，有一種置身船上的奇幻感覺。

挪亞方舟其實也可以是一座漂浮在水上的教堂，不僅實質上可以居住、使用，也成為救贖與希望的強烈象徵意義。

眺望方舟教堂，猶如一艘準備航向藍色大海的方舟。

一小馬天主堂一

沿著東部海岸公路行駛，沿途可以看見許多教堂，幾乎每一個鄉鎮都有一座尖塔高聳的教堂，成為當地的地標建築；有的鄉鎮甚至有兩座，一座是基督教的，一座是天主教的，這種現象與西海岸三步一小廟、五步一大廟的情景截然不同，可見當年教會宣教士、傳道人在這裡有很深的耕耘及努力。

海岸公路進入台東之後，除了方舟教堂、卡片教堂等知名長老教會教堂之外，最為人所知的應該是白冷外方傳教會所建立的教堂，這些教堂都是白冷會傳義修士（Rev. Julius Felder）所設計監造的，他在一九六五年來到台東，便連續在東海岸建造了四十多座教堂，這些教堂被喻為是「東海岸那一串最美麗的珍珠」，其中在建築上較為知名的有小馬天主堂、寶桑天主堂，以及都蘭天主堂等。

位於海岸公路旁的小馬天主堂，精巧可愛，是我非常喜愛的教堂建築；這座教堂也是傳義修士來台設計建造的第三座教堂。教堂非常輕巧，角錐的屋頂有如紙板一般，屋頂中間還

白冷會傅義修士所設計的小馬天主堂，藍白的外觀，非常具有現代建築風格。

特別錯開，成為光線進入的天窗，光線進入室內會堂，剛好照射在講台祭壇上，光影的變化使得小小的教堂室內，空間層次豐富動人。

最神奇的是，傳義修士利用教堂外牆版狀構造，製造出一種類似哥德式教堂飛扶壁的支撐效果，使得整個小馬天主堂室內空間寬闊，看不到一根柱子，所以室內空間得以通透，視覺上顯得流暢，更讓人感覺到這座教堂的輕巧。紙板般輕巧的屋頂、三角形角錐的造型、藍白相襯的顏色，就好像是一架可愛的大型紙飛機，在海

小馬天主堂外牆版狀構造，猶如哥德式教堂飛扶壁的支撐作用。

小馬天主堂錯開的屋頂，成為天窗，讓光線進入，照射在祭壇上。

風的吹拂下，似乎隨時可以飛上青天。

傅義修士與建築大師柯比意背景有些類似，都是出生於瑞士，也都擅長藝術繪畫，傅義修士在中學便對寫生及建築設計有興趣，他在一九六〇年加入白冷會，後來就被派到台灣協助設計建造教堂及會所建築，總共完成四十多座教堂與百餘棟民居，令人驚訝他的創造力與執行力，而且這些作品充滿設計感與美感，即便以今天的水準來看，都還是非常優秀的建築作品。

小馬天主堂這樣的小教堂非常有當時現代主義的建築精神，簡潔輕巧，沒有過度的裝飾，完全超越台灣當年的建築流行，可說是非常具有前衛精神。可惜當年建築界、學術界根本沒有注意到遠在東部後山地區，竟然有如此前衛的現代建築，所以在台灣建築歷史的教科書中，幾乎不曾被人提到。

事實上，這正是那些遠渡重洋來台灣的白冷會修士們偉大的地方，他們原本生活的環境是在遙遠的瑞士，那是一個當年相對物質環境比台灣地

小馬天主堂後方墓地，安葬著那些遠渡重洋在台服務的白冷會神父與修士們。

區好很多的地方，他們卻情願聽從上帝神聖的召喚，自己降卑來到台灣，而且不是到大都會，而是到最偏遠、最沒人要去的東部後山。這些宣教士的精神，也就反映出基督的精神，耶穌基督捨棄天上的榮華，情願降生在馬槽裡，成為人的樣式，最後死在十字架上。

海風吹拂，椰子樹枝葉搖曳，小馬天主堂後面綠地上，可以看見一排白色的十字架，原來這裡就是安葬過世白冷會神父與修士們的墓地，他們遠渡重洋來到台東，傳講愛的福音，幫助當地人，最後鞠躬盡瘁，安葬在他們所愛的台東。

站在這些白色十字架墓地前，我們思索著人生的意義。

很多人的一生追求財富與享樂，最終換來的只是虛空；但是人生可以有不同的選擇，可以追求使命感及信仰的呼召，去努力愛人、幫助人，白冷會神父及修士們的生命見證，帶給我們很好的人生榜樣。

一無法拼湊的海岸線一

沿著海岸線的公路旅行，並不是想像中的容易，特別是台東到台灣最南端鵝鑾鼻的旅程，原本寬闊平坦的公路，進入南迴路段，就逐漸偏向山區，離開海岸線。

我們最後駐足的海邊是金崙的神祕沙灘，這個地方以前我就來過，但是那次是在「南國漫讀節」，我受邀在藍皮火車上講川端康成《雪國》的火車經驗。大家吃完火車便當，列車就開到金崙，我們下車離開月台，慢慢走向海邊，穿越涵洞，就看見太平洋，那時我好想告訴台北的家人「今天海是什麼顏色」，因為眼前出現的海不只是一種顏色，而是有層次的，有不同的顏色像水墨畫般橫陳，令我大開眼界！許多人開始興奮狂奔，衝向美麗的海灘，好像太平洋正在召喚他們一般。

再次來到金崙海灘，因為天氣酷熱，我們開著吉米小車穿越涵洞，直接開下沙灘，開心享受太平洋的召喚與海風的吹拂，完全沒有料到接下來即將面臨的辛苦旅程。

金崙神祕沙灘的海不只是一種顏色，而且是有層次的。

原本以為從台東到鵝鑾鼻，可以沿著海岸線愉悅地享受一邊看海、一邊駕駛的樂趣，無奈公路從此轉向，導航會告訴你，想到台灣最南端，還是走南迴接屏鵝公路去墾丁，會是最快最好開的路線，但是我們就是想要接近東海岸線行駛，因此只好轉向曲折迂迴的山路，希望可以繞道前往海岸邊。

整個東海岸線南段，有幾段自然保護區與軍事試射場，其中一段就是台灣僅存的自然海岸步道——阿朗壹古道，雖然車輛無法通行，但是台灣能夠保留一段不受汙染的原始海岸，還是很令人開心。

我們在山區繞來繞去，幾乎昏頭轉向，很怕天黑前趕不到目的地，就可能迷失在漆黑的山林裡，好不容易回到海岸線，又是另一個管制的海岸，公路旁立了一個紅色牌子，寫著：「本路段封閉期間：×月×日×點×分至×點×分，執行科研探空火箭發射，機動交通管制，不便之處，尚祈見諒。」原來我來到了一處火箭發射場，這段路只要遇到火箭發射日期，就會封閉禁止通行，好像美國的 Area 51 一樣，經過這個路段，總會想像火箭發射的畫面，那是何等壯觀的場面啊！

東部海岸線公路並不完整，很多地方的海岸沒有公路通行。

不過我們並未遇到火箭發射試驗，整個路段一片平靜，好像嬰兒熟睡般地安詳，經過這個海岸線，公路又進入山區，因為必須繞過南仁山生態保護區，因此兩輛吉米車又在山徑小路上繞行趕路，最後終於在太陽下山前，來到晚宿的旅店。

夕陽西下時，我們來到這座白色的旅店，白色的建築孤獨地矗立在海岸公路旁，讓人無法忽視它的存在。純白的建築，是一座可以看海的民宿，建築物上的開口大小不一，錯落有致，有一種積木般莫名的趣味。在

看海的白色旅店，因為設計極具特色，成為網美拍照的熱門景點。

民宿前的草地上看海，聽海浪拍打岩岸的聲音，覺得十分療癒！這裡也成為網美最愛的拍照打卡熱門景點。

店家非常有賺錢的頭腦，他們不只是開旅店賺錢，每天早上十點，就開放非住客付費入園，讓他們在白色建築前的草坪上拍網美照，另外又在庭園中設置甜點冰淇淋小攤車，裝飾美麗的冰淇淋甜點，成為網美們拍照的最佳道具。

兩位大叔開著吉米車來到旅店前，引起了一陣騷動，因為沒有人開這種車來這家旅店，而且住客大部分是年輕人，兩個大叔模樣的人竟然來住這家旅館，而且一人住一間大房間，果然引人側目。其實我們的確是與旅店裡其他的人不同，最重要的不是年齡的不同，而是心境的不同；年輕人是來享受他們似乎無限的青春與自由，而大叔們則是在有限的歲月中，追尋逝去的自由與活力。

這座白色的建築，白天可以看海，夜晚則可以看見月亮從海平面升起的銀色「月光海」，不知道是白天山路駕駛太疲倦，抑或是夜晚的浪濤聲太催眠，我很快就進入夢鄉。

04

Walking in the Southern Country

南國漫遊

果貿社區結合了六〇年代的新穎現代建築，
以及眷村懷舊的生活風格，
組成了一種奇特怪異又令人神往的地區風格，
怪不得現在已經成為左營地區的熱門景點，
有機會搭高鐵南下，
不要忘記到這個奇特的國宅眷村走走，
體會一下很久沒有機會感受的生活氛圍。

一消失的火車頭一

「火車頭」（台語。即火車站）是台灣城鎮發展的重心，在公路交通不發達的時代，鐵路交通幾乎就是城鎮的運輸命脈，因此都市發展與建設，無不是以火車頭為中心，呈放射狀發展出去。正如卡爾維諾所說的：「火車站在這種小地方依然很有吸引力，基於火車站總會有新鮮的預期心理，或只是因為火車站以前是跟世界接軌的唯一地方。」

火車頭因為是城鎮的中心，因此火車頭前的道路，在台灣總是被命名為中山路和中正路，中山路、中正路的交口就是火車頭。火車頭不只是傳統城鎮的重心，同時也是對外往來的重要節點，人來人往最頻繁的區域，火車頭因此充斥著許許多多不同的商業行為與商業廣告看板，加上小市民攤販加入拚經濟，計程車拉人搶生意，整個火車頭前面，通常都是混亂吵雜，絲毫沒有任何美感可言。

其實日治時期的火車頭並不是如此，在當年火車頭可說是高科技運輸系統的表徵，大都市的火車頭建築華麗又高檔，火車頭前設有汽車道，有廣場、噴泉等設施，非常宏偉壯觀！

火車站是傳統城鎮的重心，也是對外往來的重要節點。

竹田是客家庄，日治時代的木造老車站被完整保留下來。

縱貫線的幾座火車頭（包括台北、新竹、台中、嘉義、台南、高雄，以及消失的基隆車站），都是非常華麗宏偉的建築，同時也成為當時城市最美的門戶，是人們來到這座城市的第一印象。

可惜的是，國民政府來台之後，對於車站建築缺乏美感素養，不僅不懂得欣賞原本車站的設計，也不懂得珍惜。華麗的基隆車站被拆毀，改建後的車站極其醜陋，與原有的車站可說是天壤之別；台北車站拆除後，則改建成具有龐大中國屋頂，比例極其怪異的車站建築；而其他的車站，也因為交通問題，紛紛將火車頭前的噴水池、廣場拆除，改建成停車場，火車頭整體的空間環境美學頓時消失殆盡！

竹田車站的「大和頓物所」是由廢墟倉庫改造成的咖啡店。

一竹田車站的再造與大和頓物所一

這幾年，國人建築空間美學水準逐漸提升，對於火車頭空間環境也逐漸重視；地方首長普遍有這樣的共識，認為老火車頭的空間再造，是城市老舊城區復興的第一步。新竹車站重新整理規畫了老火車頭的空間環境，讓新竹車站周邊重現昔日風華；台中車站在新車站規畫中，老火車頭被保留並重新規畫站前廣場；台南火車頭也即將整修完畢，期待它重現昔日府都的風華；高雄火車頭則是少見的帝冠式建築，在整個高雄新車站的規畫中，它被保留但暫時移動到附近空地，最近終於將它搬回原來的位置。

「大和頓物所」充滿廢墟野性與綠色植物。

設計師力培安在竹田設計的「德旅店」。

更令人驚喜的是，許多地方小車站竟然也開始默默進行著火車頭周邊的再造計畫。

屏東竹田車站，在鐵道高架化之後，原本的木造車站建築被保留，而車站前的倉庫廢墟被改造成別有風味的咖啡店「大和頓物所」，廢墟的自然與蒼涼感，吸引了許多文青們的注意，紛紛前來取景體驗，讓竹田這個小車站成為屏東的新景點；咖啡店與火車站有什麼關係呢？關於咖啡店與火車站的關聯性，讓我想到了卡爾維諾所寫的小說《如果在冬夜，一個旅人》中，就曾經提及火車頭與咖啡店裡的咖啡機，他描述說：「跟火車一樣嗚嗚叫噴氣的是咖啡機」，「火車站裡的Espresso咖啡機總是特別標榜它們跟火車頭的親緣關係，昨日的咖啡機與昨日的機動火車頭，今日的咖啡機與今日的電動火車頭……」咖啡機與火車頭本來就同屬於機械，而且是與蒸汽動力有關的機械，火車頭的蒸汽與熱力為車站帶來動能與活力，同樣的，大和頓物所的咖啡機也為這座原本荒涼廢棄的倉庫空間，帶來熱情與生機。

設計師力培安後來又改造了咖啡店後方的倉庫，成為特色民宿「德旅店」，整個建築風格與前方咖啡店連成一氣，塑造出竹田車站前的獨特氛圍；最近他更獲得車站周邊環境改善的規畫案，打算將車站周邊空間氛圍統一，塑造出火車頭周邊獨有的環境美學；同一位設計師，利用民間及公家設計案，將小車站周邊整理設計成風格獨具、優雅恬靜的空間，顛覆了我們對台灣火車頭前景觀雜亂醜陋的既有印象，令人激賞！

我們曾經去住過德旅店，店家晚餐就在庭院設宴款待我們，吃的是當地客家菜與粄條，雖然我也有客家的血統（我外公是客家人），但是我從未吃過如此美味的客家菜，讓我驚豔不已。安靜的竹田車站周邊，到了晚上除了蟲鳴聲之外，只剩下一片暗黑的寂靜，夜深之

火車站與咖啡館有一種密不可分的關係。

際，偶爾會聞到陣陣豬屎味，對於鄉下農家這應該是熟悉的味道，但是對於城市鄉巴佬的我們而言，卻是新奇與訝異。

大和頓物所的經營者另外也在屏東車站前，買下了一棟街口的老旅店，這座旅店建於一九三七至一九三九年間，建築形式是當年最摩登的流線型現代主義建築，為了保留這座火車站前的地標建築，他們費盡心力，聘請建築師曾志偉來操刀設計，將一樓作為「驛前大和旅社咖啡館」，二樓以上則規畫為旅店供人住宿；歷史建築再生的魅力，讓這裡成為屏東市的新景點。雖然屏東車站早已拆除重建，附近老舊建築也都消失無蹤，

「大和頓物所」咖啡館保留許多舊日倉庫的遺跡。

「大和旅社」是一座三〇年代流線型現代主義建築，圓弧的轉角是其外觀特色。

但是「大和旅社」的老屋再生，讓人們對屏東火車站周邊，仍然保有一絲的記憶與眷戀。

火車頭的再造已經是城市改造規畫中的熱門議題，藉著火車頭及周邊空間環境的再造，老舊城區得以復興，重現昔日的光榮；同時火車頭也將成為令城市居民引以為傲的門戶地標建築。

屏東車站前的「大和旅社」老舊建築保留整修再利用，令人驚豔。

一眷村記憶的儲存所一

環島旅行來到左營的眷村，晚上就住在「光的院子」裡。

左營眷村是我當兵時服役的地方，當年我是軍區公共工程人員，眷村的建築維修就是我們單位的職責之一；而王大叔的妻子則是從小在這裡成長，王大叔這幾年整修眷村老宅，成立了「光的院子」，因此這個地區對我們而言，都是帶著記憶與情感的地方。

過去全台灣各地都存在著許多的眷村，也有很多人從小是在眷村裡長大，住過眷村的人，永遠無法忘記那些在眷村裡生活的點滴記憶；但是這些年來，大部分的眷村都已經拆除改建，有些土地則賣給財團興建住宅大樓，過去的眷村老宅幾乎已經很難再看到。

那些眷村長大的小孩，再也無法回到兒時的空間，也無法告訴他們兒女，他們是在什麼環境下成長的；老眷村的殘破瓦房，其實儲存著許多人的記憶，當這些老房子全部拆除之後，所有的記憶都將消散，人們再也喚不回昔日的種種記憶，只剩下內心的落寞與失根的苦楚。

眷村老宅，儲存了許多人的童年記憶。

雖然眷村文化保存的工作，各地政府機關文化局處都有在努力進行，但是很多地方就是保留幾棟房舍，擺放一些紀念物品、照片，節日時掛掛國旗，做法幾乎都一樣，並沒有營造出太多當地眷村的特色，頗為可惜！

最近參觀了幾個眷村文化保留的案例，卻讓我十分感動！

位於中壢的忠貞新村，過去因為居民多為滇緬邊境撤退的異域孤軍，因此回族與少數民族的異國情調十分濃烈，也成為忠貞新村獨特的文化色彩。具有滇緬風味的食物料理，也成為忠貞新村最受歡迎

「建業新村」是左營少數保留完整的海軍眷村。

「再見捌捌陸」台灣眷村文化園區。

的事物，除了大家最熟悉的國旗屋之外，附近還有忠貞市場販賣著別的地方看不到的香料食材。

但是這幾年整個忠貞新村也大大改變，老舊眷村改建成住宅大樓，所有眷村房舍幾乎消失，只剩下周遭私有土地的房舍還存在著。當地的知名商家「阿美米干」家族，眼看眷村文化即將消失殆盡，因此以自身的力量，成立忠貞新村文化園區，保留阿美米干起家厝，並將附近廢棄教堂建築，改造成「癮食聖堂」時尚餐廳，未來還將成立「罌粟花故事館」、「異域諜報館」等，期望藉著飲食文化與少數民族工藝，將忠貞新村的文化特色繼續延續下去。

左營海軍眷區這幾年也有極大的改變，我在海軍服役時，所有老舊眷村都還存在，但是這幾年所有眷村都已經大幅拆除改建，整個面貌已經與我的軍旅記憶大不相同。目前左營眷村只剩下「建業新村」等眷舍，循高雄市文化局「以住代護」計畫保留下來，其中「光的院子」更是少數由原住戶回歸舊宅居住的案例。

眷村女兒黎明珍為了重拾昔日溫暖眷村記憶，特別申請入住兒時的眷舍，雖然只能住五年，但是她與夫婿王子亦，仍然斥資三百多萬整修舊房子，取名為「光的院子」，用以紀念她逝去的父親黎熾光。

左營眷村海軍大操場的大片綠色草坪。

左營眷村保留著珍貴的百年雨豆樹群。

光的院子整修完畢，並在二〇二〇年雙十節開幕，當天由大提琴家范宗沛演奏，舊日親友鄰居都回到眷村，大家聚集高唱國旗歌；在那一刻，昔日眷村的記憶與氛圍，似乎都被召喚回來了，現場的情景，撫慰了所有人的內心。

雖然台灣各地都有眷村文化保留的計畫與努力，但是這兩個案例顯得特別動人！因為他們都是不顧一切，投下個人精神和財力，只為了找回昔日眷村的記憶。然後我才明白，歷史記憶並不是因為建築硬體的保留，就一定可以保存下來；眷村文化的保存與承續，還是要靠眷村子弟的熱情，才能夠重新發揚光大！

TOYO TIRES
OPEN COUNTRY M/T

大叔們開著吉米小車來到「光的院子」，吉普車與眷村的形象十分搭調！

一果貿社區的魅力一

那天回到左營果貿新村走走看看，想到年輕時在海軍一軍區公共工程處服役，這些眷村都是我們單位負責維修的。當年海軍眷村多為老舊木造平房，眷村雖然密集，但是並不會給人有壓迫感，甚至有種悠閒的輕鬆氛圍；果貿社區卻是早期少見的高樓層眷村，密度之高，令人聯想到香港的高層集合住宅景象。

果貿社區原本是海軍眷村，在六〇年代逐漸改建，一九六五年完工時，約有二千多戶，堪稱是南部地區規模最大的眷村。後來海軍與高雄市政府合作，將果貿三村改建為擁有五千戶的大型國宅，提供原海軍眷屬以及中低收入民眾入住，整個改建計畫一直到一九八四年才正式完成，成為擁有十三棟大樓的果貿社區，鼎盛時期約有上萬人入住其中。果貿社區是六〇年代現代主義的設計，與加拿大多倫多市政廳雙C形的平面設計，有異曲同工之妙，設計概念可說是十分摩登與新潮。在果貿社區雙C環形住宅大樓中央，可以拍出魚眼鏡頭般的效果，呈現出圓形的天空，成為網美的最愛，吸引許多年輕人來此取景拍照。

果貿社區是左營最早的高層化眷村國宅。

戰後世界各國居住需求大增，現代主義以大量生產的方式，同時出現在世界各國戰後重建的地區，因此這類建築也被稱作是「國際形式」（International Style）。這類集合住宅在戰後美國各大城市興建，作為國宅使用，居住者多為低收入家庭，由於管理不善，許多國宅社區淪為犯罪的溫床，甚至成為整個城市最糟糕的地區，因此六〇年代之後，許多人開始檢討這類國宅的問題，或是乾脆拆除這些高層國宅建築。

一九七二年七月二日美國密蘇里州聖路易市將一座現代主義國宅炸毀，建築評論家詹克斯（Charles Alexander Jencks）遂將之稱作是

果貿社區的環形住宅大樓是其最大特色。

高密度的果貿眷村住宅大樓，令人聯想到香港的公屋景象。

「現代建築的死亡」。

果貿社區雖然也是龐大的現代集合住宅，卻沒有淪為城市犯罪的溫床，與其說是因為管理得當，不如說是其住商混合的雜亂使用，反而帶給這個社區極大的活力！

果貿社區雖然設計新穎，但隨著時間演進，空間使用逐漸混亂，各家鐵窗與曬衣竿，以及高密度的空間感覺，讓果貿社區有種香港街區的氛圍，所以有人也將其稱作是「小香港」。

果貿新村原本的公園及廣場等開放空間，並不如現代主義建築師的想像，是居民喜愛的綠地休閒空間，反而成為豐富有趣的菜市場，販賣著各地的家鄉味與食材；公園中的健身器材、兒童遊樂設施竟然被居民拿來曬衣服、曬棉被。

而一樓店鋪空間，則有許多知名的早餐店，油條燒餅豆漿都非常經典，不只是果貿社區的居民，幾乎全左營地區的市民，想吃早餐都會跑到果貿社區來吃；除了早餐之外，早期常見的修改衣服的裁縫店、修指甲的美容院，還有食衣住行生活各種所需，這裡幾乎都有，與其說這裡是國宅社區，應該說這裡就是一座具體而微的小城市。

果貿社區結合了六〇年代的新穎現代建築，以及眷村懷舊的生活風格，組成了一種奇特怪異又令人神往的地區風格，怪不得現在已經成為左營地區的熱門景點，也是網美打卡的重要熱點。有機會搭高鐵南下，不要忘記到這個奇特的國宅眷村走走，體會一下很久沒有機會感受的生活氛圍。

果貿社區有「小香港」的稱號。

果貿社區中央C型環狀大樓，圍塑出一個奇幻的圓形天空。

05

The Changing of the Coastline

海岸線的變貌

台灣在日本福島核災之後，也感受到強烈的反核氛圍，
因此積極地開發其他乾淨能源，包括太陽能與風力發
電；特別是在台灣西海岸區域，不僅是在海岸邊，
也在離岸海洋上，建立起成群的風力發電機組。
現在我們如果開車從西濱公路南下，
就會看到綿延不斷的風車巨人，
成為台灣西海岸線最為明顯的景觀特色。

一玻璃化的鹽田一

沿著西海岸行駛，整個海岸景觀與東海岸截然不同。灰濛濛的海岸線，堆疊的消波塊與海平面上的風力發電車，有一種蒼茫與荒涼的奇特感受；公路邊的廢棄房屋牆上，寫著大大的「離婚」兩字，底下則加注著一連串數字，不只是地景荒蕪，連內心也充滿著絕望，是一種末日蕭條的心情。

過去西海岸七股一帶，主要是以養殖和曬鹽為生，公路兩旁都是潟湖水域，吉普車穿梭其中，雖然荒涼卻也令人心曠神怡。利用空拍機從空中拍攝可以感受到一種奇特的「水鄉澤國」景象，是台灣地區少見的鄉野風景；特別是「扇形鹽田」，雖然已經廢棄，但是從空中卻依稀可以看見扇形鹽田的規模與形狀。

為了這次的公路旅行，我特別添購了簡易的空拍機，試圖從不同的角度去觀察我們的生活空間。從空中眺望，以上帝的視角觀看大地，才能感受到攝影大師齊柏林的感受。我還記得多年前，齊柏林的空拍照片還未受到大家注意時，有一天他邀請我去他家看他的作品，因為作品很多，我們一面吃便當、一面看他放映幻燈片作品。

齊柏林當年沒有空拍機，空拍任務幾乎都是搭乘直升機來拍攝，但租金非常昂貴，不可能為了拍幾張照片就去搭乘，他都是利用受委託空拍照片的機會，沿途順便拍攝不同地方的照片。因為每次的飛行都很珍貴，他都帶著大小相機，沿路就一直拍攝，不放過任何空拍的鏡頭。

今天拜科技之賜，我們可以輕鬆地利用空拍機，從空中鳥瞰大地。透過空拍，可以看見當年的景觀，以及許多地面上看不到的遺跡。日本許多地方有巨大的古墳，很多從

西海岸的景觀與東海岸截然不同，充滿著一種蒼茫與荒涼。

七股的扇形鹽田，從空中眺望，依稀可以看見舊日鹽田的規模。

地面上看就像是一座小山丘，但是從空中觀看，才發現是古墳的形狀。藉著空拍照，日本政府發現了許多社區小公園，或是住宅旁原來就是古墳。七股的扇形鹽田也是如此，隨著市區的發展，以及公路的拓寬穿越，我們從地面上已經很難看出鹽田「扇形」的模樣，但是用空拍機從高空鳥瞰，卻可以輕易分辨出扇形鹽田的規模。

七股最有名的就是過去曬鹽堆積起的「鹽山」。照片上雪白的鹽山，有如在北海道賞雪，但是到現場一看，鹽山變成褐灰色，就像是融雪後的泥巴一般，令人失望。

七股的鹽場是台鹽最大的鹽場，包括附近的青鯤鯓鹽田和扇形鹽田，整個鹽田在二〇〇二年結束生產，成為台灣鹽業史上最後一個鹽場。因為鹽業沒落，人工曬鹽的產業早已消失，因此再也見不到夕陽下鹽山堆積的美麗景象，那些鹽田潟湖後來成為黑面琵鷺來台過冬最佳的棲息地，也為當地帶來不同的生態景觀。

不過最近這些潟湖有了新的面貌，人們在水塘上打入一根根的地樁，架起太陽能玻璃板，準備發展光電業，雖然美其名是「漁電共生」，並且強調太陽能是綠色能源，是環保乾淨的，但是看著原本開闊的水塘，變成整片光電場，規模之大，令人驚嚇。

密密麻麻的地樁打入潟湖地底，這裡將來會是一整片的太陽能光電板。

當鹽田魚塭變成光電玻璃板之後，雖然不會汙染空氣，雖然出租土地讓地主有錢可賺，但是我卻對這樣的景象充滿疑慮。

這些閃閃發亮的光電板，將使得黑面琵鷺來到台灣無所適從，找不到可以歇息的水塘潟湖，閃閃亮光是否也會影響到野生動物的正常飛行？

這一大片光電板將來使用期限到期，汰換後將何去何從？如果沒有妥善的回收計畫，是否又將造成另一波的環境災難？這些問題都讓大叔們覺得憂心。

從空中鳥瞰舊日鹽田，猶如水鄉威尼斯。

一無用的教堂一

現在的西部海岸邊，除了風車與太陽光電板之外，也建造了兩座玻璃教堂，雖然號稱是「教堂」，其實卻是「假教堂」，因為這兩座玻璃教堂，並沒有真正的教會使用，週日也沒有任何宗教儀式舉行；這兩座玻璃建築原來應該是希望拿來當作結婚教堂使用，就像日本流行的結婚教堂一般，但是因為台灣天氣太熱，在玻璃教堂裡肯定會熱昏，因此也沒有人在此舉行婚禮。

兩座玻璃教堂建築，一座是位於布袋的「高跟鞋教堂」，另一座是位於北門的「水晶教堂」。依當年的想法，原本應該是希望利用造型特別的建築，作為吸引人們來此觀光的景點，可惜高跟鞋教堂既沒有實質宗教儀式的舉行，也沒有任何歷史文化的背景依據，只是憑空建造一座玻璃的高跟鞋造型建築，就稱之為「教堂」，怪不得會引起各界的撻伐與批評，雖然設計單位後來解釋高跟鞋教堂與當地烏腳病歷史有關聯，但是這樣的解釋實在太牽強，並不能說服社會大眾。

「高跟鞋教堂」是名符其實的「假教堂」。

遊客稀少的「水晶教堂」園區，雖能拍出美麗的光影變化，
但不會有人想在這裡結婚。

事實上，偉大的教堂建築應該要有能夠震撼人心的力量，以建築師柯比意的「廊香教堂」為例，這座教堂感動了無數的人，包括建築師安藤忠雄，安藤先生第一次進到這座教堂時，被教堂內的光線震撼，內心激動有如波濤洶湧，他受不了內心的激動，衝到外面草地深呼吸，讓內心激情平撫，等到內心平靜下來，他才再次進入廊香教堂內，好好地欣賞教堂的光影變化，這樣的教堂建築啟發了他對建築光影的設計魔法，後來他也設計出了「光之教會」這座聞名世界的教堂建築。

高跟鞋教堂雖然一開始吸引了很多人去當地拍照打卡，但是大家都是出於好奇心去湊熱鬧，從來沒有人說他去了高跟鞋教堂，內心被感動與震撼，所以這種建築充其量只能說是「打卡建築」，並不算是好的建築。而且隨著熱潮退去，整個高跟鞋教堂園區無人要去參觀，慢慢變成荒蕪一片的悲涼景觀。

位於北門的水晶教堂也是如此，夏天去參觀這個園區，付了門票進去，內心開始後悔，因為空曠的園區在夏日豔陽酷曬下，超過三十八度的高溫，從入口要走到水晶教堂，短短幾百公尺就幾乎要人的命，玻璃教堂建築在我的攝影技術下，當然可以呈現美麗的光影畫面，但是玻璃溫室建築根本不適合台灣南部的氣候，因此也不會有人想在這裡結婚。

水晶教堂與高跟鞋教堂這兩座玻璃建築，最後連參觀遊客也寥寥無幾，成為名符其實的「無用的教堂」！

整個台西地區雖然令人感到荒蕪悲涼，但是我們開吉普車進入一座小村莊，卻令人感到振奮！這座稱為是「馬沙溝彩繪村」的小村莊，充滿趣味與炫目色彩的藝術創作，遍布在村莊內各個角落，令人穿梭其中，隨時充滿驚奇。特別是一棵粉紅色的櫻花樹，矗立在荒涼的原野中，呈現出一種超現實的氛圍，原來這是藝術家的作品，櫻花樹是塑膠花，而且是一座旋轉木馬鞦韆，雖然詭異卻也讓旅人心生喜悅。

或許這樣的藝術創作，就像是希望的小花，逐漸在這塊悲情的土地上萌芽，為這個被養殖業超抽地下水的下陷土地，以及科技太陽能玻璃板佔領的濕地水域，帶來小小的希望。

「水晶教堂」在夏日南部的高溫裡，會令人酷熱難耐。

一北港另類玩法一

大家去北港，都是去拜拜，好像除了拜拜，就只能吃鴨肉飯類的鄉下小吃。我們去北港，既不去吃小吃也不去拜拜，我們走的是另類的北港旅遊路線，是一種非典型進香團的路線。

沉入地底的廟宇廢墟

我們去北港旅遊，捨棄人潮洶湧的北港朝天宮，反倒去看一座沉入地下的老廟「五福宮」，這座廟歷史悠久，只可惜多年前被劃入行水區內，因此不得已廢棄不用，另外在市區蓋了新廟使用，老廟被放棄在行水區，多年來風吹雨打，大水沖刷，汙泥淤積，將老廟淹沒在汙泥之中，泥土越堆越高，最後老廟只剩下屋頂部分還露出地面，感覺就像是一座考古挖掘出土的遺跡。

最有趣的是，因為行水區沖積的泥土非常肥沃，農人便開始在這裡種植稻作，播種放水，只留下老廟遺址，有如孤島般存在著，春天綠油油的稻田包圍著老廟，人們無法穿越水田靠近廟宇；但是到了秋收之際，稻作收割完畢，地面乾涸時，人們便可以穿越稻田，前往老廟遺址一探究竟。

這座隱藏在行水區的老廟遺址，並不容易到達，必須開車越過堤防，進入蜿蜒田間小路，才能到達。因為田間小路極為窄小，回程幾乎沒有迴轉的空間，有的車子試圖開入田間迴轉，卻差一點深陷泥淖之中，成為沉入地下的汽車，還好趕緊切換四輪傳動，才得以脫身。

沉沒地底的老廟，有如出土的龐貝城遺址，屋頂的飛簷依舊，「福、祿、壽」三仙的雕像也都還在，只是原有繽紛的顏色已經洗盡，有如黑白殘存的化石一般。將來如果後代子孫向下挖掘，可以將整棟老廟建築挖掘而出，一定十分壯觀動人！

我讓空拍機起飛，從天空俯瞰稻田中沉沒的廟宇廢墟，感受到大自然物換星移的力量。人類的建築雖然努力追求永恆，卻是渺小與無力，只能任憑大自然摧殘破壞，最後消失在時間的洪流之中。我想到日本建築師隈研吾的「弱建築」，他認為建築並非永恆的，而是跟人一樣，都必須面對「生、老、病、死」的命運，所有偉大的建築，終將要面對死亡與毀滅。

去北港旅行，我們不去熱門的朝天宮，而去看沉沒地底的廟宇，
是一種另類的旅遊路線。

一保生堂漢方咖啡館一

面對朝天宮的北港中山路，可說是一條朝聖大道，就像是日本神社前的表參道一般，道路兩旁遍布古老商家，糕餅店、農具店、中藥店都有，而且店家的招牌也都斑駁古老，充滿著懷舊情懷，在這裡要找到一家新潮流行的店家，幾乎是沒有，而且進香團的阿公阿嬤似乎也都很習慣這些商家，他們並不會期待有時髦咖啡店或西餐廳。

台灣的廟宇基本上還是很傳統民俗的，不像日本寺廟，經常都有一些新意。例如日本東京的築地本願寺，是一九三四年由建築怪才伊東忠太所設計，他捨棄傳統的寺廟風格，以一種印度寺廟建築的造型呈現，奇特的是，寺廟內竟然有管風琴，演奏起來，有如在哥德式大教堂一般。更有趣的是，寺廟旁邊的服務設施，竟然有「築地本願寺咖啡 Tsumugi」，供應咖啡、甜點與冰淇淋，以及各式西餐或日式早餐，寺廟咖啡店裡播放的音樂不是佛唱，而是爵士樂，讓人心情放鬆，卻不覺得寺廟與咖啡店有什麼違和感。

「保生堂漢方咖啡館」是中藥店改造而成的咖啡店，是台洋混合的文化風格。

老房子咖啡店保留許多舊日遺跡，令人有一種悠遊古今的超時空感。

大家聽說我們去北港，就好心地傳給我各種小吃的資訊，其實我們比較需要咖啡店的資訊。北港中山路上有一家中藥店改造成的咖啡館──「保生堂漢方咖啡館」，讓我聯想到之前去香港，還特別去一家「大和堂咖啡館」，也是由中藥舖改建而成的，與「保生堂漢方咖啡館」有異曲同工之妙。

保生堂漢方咖啡館裡，保存著古老的中藥櫃以及裝草藥的鐵桶，古老的建築還特別留下土牆上的破洞，可以看出當年夯土牆裡的竹編結構；雖然建築及道具都保留著古意，但是室內的燈光氛圍卻是十分溫暖恰當，播放的爵士樂也很悅耳，坐在咖啡店裡有一種悠遊古今中外的超時空感覺。或許這是一種台灣本土的「大正浪漫風格」，大正時期，西方科技與文明大量輸入日本，西方文化與日本文化彼此交揉，產生出一種和洋折衷的風格，就是所謂的「大正浪漫風格」；保生堂漢方咖啡館，是台式傳統建築與中藥店舖文化，混搭了西方的爵士樂以及甜點咖啡，形塑出一種台洋混合的文化風格，這就是這家咖啡館令人著迷的地方。

我所觀察到的北港，可能與一般人的北港印象不同；過去我們總是帶著成見去看一座城鎮或一個地方，其實只要換個角度去觀察，你也會發現這座城鎮跟你的想像是不同的，甚至超越你的想像。所以我們一定要到現場去實地經驗一下，因為「真正的答案永遠在現場」。

一飛機墳場與大船擱淺一

沿著西濱海岸公路北上，經常可以看到建築廢墟的荒涼景象，廢墟的景象是無常的，經常是短暫出現，然後就消失無蹤。

因為廢墟的階段比較接近人類死亡時的狀態，雖然死亡，屍體慢慢腐敗侵蝕，但是卻還未完全消失在宇宙中，需要時間來消化。有些屍體消解的時間較長，有些屍體則很快，可能是外力介入，或是被人遺棄到別的地方去；當然有些屍體被拿去進行復甦手術，得以死而復生，重新注入生命力，可以重現江湖。

建築物的廢墟通常不會隨便消失，因為廢墟長在地上，動彈不得；但是移動式的建築，就有可能被移動而在原地消失。飛機與輪船都是人類創造出的龐然大物，基本上也是一種「移動的建築」，人們在飛機或輪船上休息、吃飯、睡覺，進行各種娛樂活動，猶如在一棟大型旅館一般，只是這座大型旅館正在不斷地移動。

飛機墳場裡，原本在天空中飛翔的客機，如今一動也不動停放在雜草堆中。

飛機墳場

飛機是一種神奇的移動式建築，巨大的機體可以搭載數百名旅客，然後翱翔在天際，可以飛越大洋，從地球的一端飛到地球另一端，十幾個小時不用降落。我每次搭機去歐美地區，望著雲層底下冰封的大地，或是遼闊無邊的海洋，都不禁讚嘆：這是什麼樣的神器！竟然可以搭載著數百個人，還有他們沉重的行李，飛越如此遙遠的旅程？

飛機在天空翱翔時，看似非常神奇帥氣，但是停留在地面上的時候，卻是十分地脆弱與無用。老舊或是故障失能的飛機，最後不是被肢解，就是被送去「飛機墳場」等死。

世界上最大型的飛機墳場是位於美國亞利桑那州圖森市附近的沙漠，這裡面積大概有一千三百個足球場大小，停放了將近四千兩百架退役的飛機，包括民航機與軍用機。因為沙漠地區非常乾燥，飛機機械比較不會鏽壞，所以可以像新疆「樓蘭美女」一樣，保持完整的乾屍。

多年前停放在三重橋邊的「卡拉OK飛機餐廳」。

亞利桑那州的飛機墳場，其實比較像停屍間，那些屍體被暫存保留在這裡，等待著或有機會可以重新復出，或是部分機件被拿去重新使用。封存在沙漠中的飛機，有一些的確會重新開封，再次飛上天空，好像冬眠的人被喚醒，重新活過來一樣；有些飛機則被取走部分器官，拿去移植在還在使用的飛機上。

台灣雖然沒有真正的飛機墳場，但是還是有人對除役的飛機有興趣。

多年前在三重的中興橋下，也有一台除役的波音七三七客機，被改造成「卡拉ＯＫ飛機餐廳」，因為飛機輪子起落架非常脆弱，長久停放恐怕無法支撐沉重機身，所以商家就用貨櫃箱墊在底下，貨櫃箱順便開啟一家檳榔攤，非常有本土色彩。

客機被架高後，就裝設了一座空橋當作是餐廳的入口，機艙內作為卡拉ＯＫ餐廳，配置與原本客機截然不同，呈現出一種詭異的氛圍。消費者從空橋進入客機，原本感覺像是要搭機出國，想不到卻進入一處七彩霓虹閃爍的卡拉ＯＫ餐廳，然後媽媽桑招呼勸酒聲喧囂，心想怎麼會有如此歡樂的航空公司班機？不過這座七三七卡拉ＯＫ飛機餐廳，已經在多年前，新北市整頓河岸地區建築景觀時，被拆除消失。

桃園公路旁的飛機墳場，呈現出的則是一種墳場的淒涼與破敗。

這座飛機墳場位於桃園觀音附近，如果用衛星地圖觀看，會發現公路旁的空地上，竟然會出現有大型飛機的身影，我便好奇前往調查，發現真的有幾台廢棄的客機，被擺放在空地裡，似乎是想要打造成某個商業樂園的感覺？不過因為尚未完成，那種殘破、巨大的飛機墳場景象，吸引了許多網紅們前來拍照打卡。

平常只有機長或是空中小姐可以跟飛機近距離拍照打卡，但是在這座飛機墳場中，人們可以輕易地鑽進渦輪引擎，或是直接站在飛機底下拍照，破舊的機身與殘缺的機翼，與周遭的荒煙蔓草，形成了一種末日的落寞景象，非常超現實！

飛機墳場呈現出一種末日落寞景象。

大船擱淺岸邊，猶如受困淺灘的巨大鯨魚，奄奄一息。

大船擱淺

桃園地區另一個極具末日景象的畫面，是出現在桃園海岸邊，二〇一八年一艘巨大的輪船竟然擱淺在海邊，形成了一幅驚異的畫面。我們兩位大叔趕到海邊，看見二十公尺高的輪船擱淺在岸邊，船底整個浮現在岸上，猶如巨大的鯨魚擱淺岸邊，奄奄一息，無法脫身；藍色的船身，吃水線底下則是暗紅色，整個顏色造型，根本就像是日本動漫裡的「宇宙戰艦大和號」。

大輪船整個擱淺在陸地的景象，過去只能在科幻電影裡看見，那些描述末日景象的科幻電影裡，海洋水資源被耗盡，整個海洋都消失，所有的船都擱淺無法行走，是非常驚悚的畫面。

世界上最有名的沉船廢墟，是位於希臘「沉船灣」（又稱「海盜灣」）的沉船廢墟，在白沙海灘上，竟然有一艘沉船廢墟，成為這個海灣最醒目的地標。這艘沉船並不是傳說中的海盜船，曾經謠傳它是一艘走私船，因為在天候不佳的情況下，被警方追逐，衝上海灘擱淺。

但據說，近年來經過證實，是因為船隻遇到惡劣天候與機器故障，無法前行，不得已才於此處擱淺。幾十年後成為現在的廢墟模樣，因為太有名，也成為韓劇《太陽的後裔》重要拍攝場景。

我曾經前往澳洲布里斯本摩頓島（Moreton Island），探尋沉船廢墟的蹤跡，這座島以海豚聞名，又被稱作是「海豚島」，海島附近海域有許多沉船廢墟，但是並不是因為這裡是百慕達三角洲，這些沉船廢墟很多都是報廢的機械採砂船，被人們拖來集中

整艘船浮現海岸邊，好像日本動漫中的「宇宙戰艦大和號」。

在這個地方，是為了搭建一處「魚礁」，讓魚群有地方棲息。果然這個魚礁效果顯著，吸引許多魚群聚集此地，我們搭小船經過沉船廢墟時，只要拋出麵包屑，馬上就有成堆的魚群湧上爭食，感覺如果將手伸入水中，也會被成群的魚隻吃掉！

輪船若是擱淺，就失去功能，只能成為廢墟；不過這艘大船在桃園外海的擱淺，超現實的末日畫面，竟然吸引了許多人前來觀看，成為當時新興的觀光景點。越野車從各處湧向這艘擱淺的輪船，輪船周邊盤旋著蒼蠅般的空拍機，讓這艘輪船猶如龍困淺灘，更像是虎落平陽被犬欺一般；我也是被吸引的民眾之一，趕來爭睹這一場末日般的大船擱淺景象，深怕這艘輪船廢墟很快就會消失！果不其然，這艘擱淺的大船在海運公司的努力之下，終於在幾個月後離開沙灘，桃園這個意外的奇特景觀也在大家惋惜聲中消失無蹤！

大叔們環島再次來到桃園海邊，不禁想起了當年巨輪擱淺當地海岸的壯觀景象。

一波光市集與永恆之丘一

沿著海岸線北上，經過了許多漁港，台灣人在週末假日喜歡到漁港吃吃喝喝，因為台灣四周環海，到處都有漁港市集。理論上，去漁港應該可以吃到最新鮮的海產，只可惜過去台灣漁港的市集通常都比較髒亂，缺乏美感，市集建築更是乏善可陳，使得人們在滿足口欲之際，卻無法在五感得到全面的滿足。

漁港新風貌——波光市集

新竹南寮漁港的波光市集令人耳目一新！這是由設計師林聖峰所設計，他的設計從不以花俏造型取勝，而是從材料本質與構造原理出發。在這座漁港市集的案子裡，他設計波浪狀的混凝土屋頂，非常漂亮，而且呼應了漁港的特色。清水混凝土的波浪狀屋頂，要做得好並不容易，但是因為設計師的嚴謹要求，這座公共建築做到超乎尋常的施工品質。

波光市集開創了台灣公共建築的新形象。

波光市集猶如沙漠中的帳棚，有通風遮蔭的效果。

赭紅色的牆面及拱形結構，遠看還以為是耐候金屬板，近看撫摸才發現竟然是CLT集成材的木質牆面，不僅環保質輕，將來替換維修也都十分便利。所謂CLT集成材，是最近研發出的集成材料，可以達到防火與結構上的需求，因此人們開始可以運用這種材料建造高樓層的木造建築；且木造高樓建築不僅重量比混凝土輕，木料也可以吸收儲存二氧化碳，達到城市減碳環保的目標。

另外，台灣許多港口夏天總是豔陽高照，十分炎熱。但是因為靠海，經常會有海風吹拂，所以只要有遮蔭的地方，加上空氣流通，就可以不需要冷氣，達到自然通風的效果。設計師在木板牆面上下留出開口，造成空氣的對流活動，讓這座建築猶如沙漠中的帳棚，有遮蔭涼爽的效果。

波光市集的波浪型屋頂，呼應海洋的意象，因此不需要誇張的魚蝦造型或彩繪裝飾，與地景十分融合。簡單拱形的結構方式，帶來古典的想像，卻又不誇張。夜晚建築物打光之後，整個景觀更是美麗動人，是一座越夜越美麗的建築。

這座建築每個細節都十分用心，清水混凝土的廁所，擺脫過去制式廁所磁磚的通俗和一般；天花板管線收拾得井井有條，沒有一般市集的混亂失序，連雨水落水管設計也簡單俐落。整體而言，這是件非常成熟大器的作品，感覺不輸任何國際建築大師的作品！

過去台灣漁港的公共建築總是乏善可陳，無法建立地標意象，常常喜歡設立大型海洋魚類與蝦兵蟹將的雕塑，或是彩繪海洋世界，希望藉此凸顯漁港意象，吸引人們的注意。但是波光市集因為其建築特色，很快就成為地區的地標建築，吸引了成千上萬人前去拍照打卡，可見一座好的公共建築的確有拉高地方知名度的效果。

比較可惜的是，市集內部攤商仍未整體設計協調，呈現出一種台灣傳統夜市的雜亂面貌，這個部分仍有待不同單位的整合與協調。更重要的是，台灣一般民眾與攤商的美學素養需要教育與進步，讓台灣休閒觀光地區整體景觀可以更加提升，成為真正吸引人的景點。

漁港市集在很多靠海城市都是觀光客喜歡去的景點，世界各國的漁港市集也多有其特色與美感，這是台灣漁港市集可以努力的方向。新竹南寮漁港的波光市集因著建築特色，已經朝世界級漁港市集邁向一大步，希望將來可以改善市集內容，成為國際觀光客來台一定要去參觀的熱門景點。

利用CLT集成材料製作的波浪狀壁面，塑造出不落俗套的建築特色。

死亡空間之美——永恆之丘

我對台灣某些殯葬空間的環境不能接受，因為充滿混亂的儀式與嘈雜的唸經超度聲，讓人心靈受到攪擾，無法真正的安息！那天環島旅行來到靠近海岸線的新竹生命園區，勘查建築師林友寒、林彥穎聯手設計的「永恆之丘」納骨塔，卻讓我驚豔到不行！

這座納骨塔建築顛覆了台灣傳統靈骨塔的造型與空間。台灣傳統的靈骨塔多採用寶塔造型，因為中國傳統寶塔建築，被認為有「鎮邪」的功用，所以《白蛇傳》中的白蛇就是被鎮在雷峰塔下。建築師卻顛覆傳統，以簡潔現代的手法打造納骨塔，以清水混凝土牆面構築寧靜沉穩的氛圍；沒有俗豔的色彩，以及繁複神話的裝飾，基本上是一個無任何宗教色彩的單純空間，適合所有的市民朋友，是平等與民主的空間。

我曾經前往德國柏林參觀柏林市立的火葬場，就為那簡單理性卻又寧靜素雅的建築空間，而深受感動！生命的結束理應是嚴肅寧靜的，死亡的空間應該是沉靜讓人可以省思的地方，而不是一個道士作法、法師競技的混亂吵雜場所。讓逝者可以真正安息，未亡人可以安靜思念，也得到安慰與平靜。

永恆之丘就是一個追求安靜的極簡空間，雖然極簡卻也豐富，符合了「少即是多」的原則。沒有多餘裝飾的清水混凝土牆面，留著粗糙的板模痕跡，那些木材的紋理，猶如化石般被銘刻在牆上，提醒著人們塵歸塵、土歸土，生命終究要回歸大自然的道理；清水混凝土牆雖然粗糙卻是溫暖，也成為光影在牆上表演的舞台。

方形的納骨塔並非呆板的方塊而已，建築體牆面逐層向外開展，有如花瓣綻放一般，藉此也讓每一層樓都有空氣的流通。納骨塔中央是挑空的，整個中庭通透

「永恆之丘」清水混凝土的牆面，讓光影在其中變幻移動。

到頂，屋頂正中央則有一處方形的開口；有如一個天窗，但是沒有玻璃，是完全開敞的開口，讓光線、雨水，以及氣流，都可以穿透而入。

這個做法正如羅馬的萬神殿，圓拱狀的大屋頂，正中央有一個圓形開口，也是完全通透，沒有玻璃阻隔，讓雨水、光線都可以自由流動；安藤忠雄曾經在萬神殿中仰頭讚嘆，感受到光線進入其中的震撼與感動。

這樣的設計符合了所謂的「煙囪效應」，讓空氣從每個樓層縫隙進入中央，然後讓熱空氣直接從中央天井上升，由屋

「永恆之丘」中央通天的開口，光線由上方照射進入，讓整座建築有如羅馬的萬神殿。

頂開口送出，達到自然通風的效果。怪不得這座納骨塔雖然沒有空調裝置，可是置身其中，並不會感到悶熱，即便是在夏日也覺得清涼舒適，是一座真正的綠建築。

正如羅馬萬神殿一樣，永恆之丘中央天井的屋頂開口，下雨時可以讓雨水直接進入塔內，然後在底層的地板上形成一座鏡面的水池；天氣放晴時，光線神聖性地投射入塔內，在鏡面水池上反射，照映在整個納骨塔不同的角落，讓人在其中可以感受到風生水起的療癒。

永恆之丘是一座詩意的建築，強調著空間的靜謐感，讓人在其間，內心的混亂與不安得以消弭；自然風、光線與雨水穿透其間，讓人可以沉澱心靈，與天地對話。這樣的殯葬空間品質是台灣所未曾見過的，同時也是許多人所期待的，怪不得永恆之丘納骨塔剛完工，就得到德國紅點設計獎，這座納骨塔應該也是台灣最近最令人驚豔的公共建築！

「永恆之丘」創造出寧靜平和的殯葬空間，
是國內殯葬場所設計的一大革命。

一風車建築的科幻與浪漫一

開車沿著海岸線北上，大叔們驚異地發現，台灣西部海岸線幾乎已經被成群的風車巨人所佔據！

夢幻騎士的巨人風車

在塞萬提斯的著作《堂吉訶德》中，主人翁堂吉訶德是一位沉迷騎士小說的人物，他幻想著自己是一位騎著白馬、穿戴盔甲，濟弱扶傾的騎士，穿梭鄉野要打敗惡勢力，拯救世間受苦受難的老百姓；相對於浪漫理想的堂吉訶德，他的隨從桑丘則是一位現實理性的人物，在這兩個人的對話中，我們可以看見堂吉訶德根本活在一個幻想的世界裡，那是一個不切實際、甚至瘋狂愚蠢的夢想世界，但是那種對理想的執著與對夢想的熱情，卻是叫人動容！

在《堂吉訶德》小說中，拉曼查地區的風車，被堂吉訶德認為是邪惡的巨人，是他要舉起長矛策馬衝鋒，要去屠殺的巨獸。過去西方的傳說中，都有聖喬治屠龍，或是以小勝大，擊敗巨人的故事，風車作為巨大的建築，在拉曼查一望無際的原野中，顯得十分搶眼，大老遠就可以看見這些風車的身影；風車建築的巨大同時也就被認為是一種邪惡的代表，正如《傑克與魔豆》或《進擊的巨人》中的巨人們，都是具有威脅性，殘暴野蠻的象徵，是正義的個人必須挺身對抗的龐大惡勢力。

所以在那個科技尚未真正發達的年代裡，風車巨大的機械身影，被人們視為某種邪惡，或是即將成為的邪惡力量。這種思維或許對於當時如桑丘這般的人物，會視為無稽之談，他們總是譏笑堂吉訶德是痴人說夢、是現實世界的白痴呆瓜，但是從歷史的角度來看，風車所代表的機械文明，最終果然成為巨大的夢魘，是現代人類個體無法隻身對抗的巨大機器。所以堂吉訶德所看見的風車，並非某種浪漫想像中的邪惡巨人而已，而是真正預知到機械文明將來會對人類社會帶來的壓迫與痛苦，或許我們可以將堂吉訶德視為是先知般的角色吧！

風車建築就是一座巨大機械

傳說中用手指堵住堤防裂縫的小男孩，事實上並無法拯救這個國家被海水吞沒，真正拯救這個低地國的是這些巨大的風車巨人。荷蘭被認為是一個風車王國，這個低地國家很早就知道運用風車的機械裝置，來抽水、汲水，這些巨大的風車猶如機械奴僕，毫無怨言日夜工作，保護這個國家不至於被海水吞沒，讓人不得不佩服荷蘭人的智慧。

來到荷蘭著名的風車景點——小孩堤防，這個景點已經被列入聯合國世界遺產。成群的風車位於河邊，內部最大的部分就是巨大的機械裝置，用來作為磨坊、鋸木廠，或是抽水站，所以風車被視為一種建築，或許並不是我們想像的那種建築，而是比較像是一種機械，意即整座風車建築就是一座巨大機械。

現代主義建築大師柯比意的名言：「建築是居住的機器」（machine for living），被高科技風格建築（hi-tech style architecture）人士演繹為「建築就是機器」，不過他們可能不知道，當年荷蘭這些風車建築可以說就是他們當時的高科技風格建築，因為整座風車就是一台

巨大的風車猶如機械奴僕，毫無怨言日夜工作。

機器；雖然有的風車內會有狹小的居住空間，但是整座建築最重要的空間，其實是住著一台龐大的機器。

不過最令人驚訝的是，荷蘭的風車建築裡，巨大的機器竟然是木造的，而不是我們印象中的金屬機器；木頭機器精巧又耐用，讓人想到文藝復興時代達文西所設計的各種兵器與機器，也都是用木頭製造的。荷蘭人在低地沼澤地區，長久以來與海洋、風浪爭鬥，發展出木頭風車，不用電力，也沒有燃燒煤炭的環保問題，可說是高智慧的產物，可以永續發展，這樣的設計足以讓現代人為之汗顏。

在節能減碳的呼聲之下，這些荷蘭老風車的確可以帶給我們許多啟示。

在北海附近的歐洲國家最懂得利用這些風力資源，一方面是因為一九八六年俄國車諾比核災帶來的衝擊；另一方面也因為環保減碳的需求，讓這些高度工業化的國家開始反省與改變。他們將這些原本阻撓他們航海、造成他們生活農作困難的因素，轉化為有利的資源，所以在荷蘭、比利時、丹麥、德國這些國家在這個世紀都開始大量建造現代化的大型風力發電機組，不論是在公路旁、海岸邊，或是在海上，都可以看見眾多大小風車的身影，也成為這些國家的新景觀。

風力發電機組的科幻場景

科幻電影場景中，未來世界經常會出現大面積的風力發電機組，或是在大片的荒漠上，或是在無邊的海面上，成為未來世界最為明顯的天際線特色。這是人們對於未來的想像，因為石化能源終有用盡的一天，核能發電也有毀滅的末日，唯有風力發電似乎可以永續發展，不論是浩劫前或是浩劫後，只要有風都可以繼續運作，產生電力能源。科幻電影《天能》（*Tenet*）就出現一處龐大的海上風力發電廠，拍攝地點其實是在丹麥波羅的海靠近洛蘭島的尼斯泰德（Nysted）離岸發電農場，總共有七十二支風力發電機組，在海上一字排開，非常壯觀。

以前這種成群風力發電機組的場面，只是出現在科幻電影中，不過曾幾何時，這種科幻場景已經逐漸出現在我們現實生活裡，印證了科幻電影的預言性格。以前我到德國旅行，在

台灣西海岸逐漸被風力發電機組所佔領，夕陽下的風車，猶如科幻片的場景。

公路兩旁看見成群大小不一的風車轉動著，令我十分訝異！原來德國人為了實現非核家園，努力實踐乾淨能源的開發，公家與私人都可以投資風力發電機，除了自用之外，還可以賣給電力公司，可說是一舉兩得，因此風力發電機組在短時間內便如雨後春筍般出現。

不只是歐洲國家，台灣在日本福島核災之後，也感受到強烈的反核氛圍，因此積極地開發其他乾淨能源，包括太陽能與風力發電；特別是在台灣西海岸區域，不僅是在海岸邊，也在離岸海洋上，建立起成群的風力發電機組。現在我們如果開車從西濱公路南下，就會看到綿延不斷的風車巨人，成為台灣西海岸線最為明顯的景觀特色。

我很喜歡到西濱公路海岸邊，駕駛著四輪傳動吉普車，越過沙丘來到巨大風車底下，去感受巨大風車運轉的魅力，風車建築的底部有一處入口，離地面有一段距離，似乎是為了避免漲潮進水，因此有一小段的旋轉梯可以到達入口，人們可以從入口鐵門，進入管狀空間內部，然後攀爬內部爬梯，到達六、七十公尺高的機組位置，進行檢修的工作。

巨大神奇的風車總是帶給我們許多想像的空間！

我常常幻想著可以住在這座風車的管狀空間內或是從這個鐵門進入後，就可以傳送到另一個時空去。巨大風車葉片轉動規律低沉的聲音，帶來一種安定心靈的力量。夕陽西下時，風車有彩霞作為背景，現代風車成為了地理景觀上最美的機器。

這些風車巨人不再是堂吉訶德眼中的邪惡象徵，也不是荷蘭人心目中沒有怨言的奴僕；而是成為一座座巨大友善的巨人，充滿勤奮美德，不停息地轉動手臂，為我們的未來生活提供足夠光明的電力。

在充滿巨人風車的沙灘奔馳，感覺我就是現代的堂吉訶德。

06
The Spirit of the Island Exploration

島嶼探險的精神

大叔們的環島最後來到淡水，

雖然我們不敢說自己有馬偕博士那種冒險犯難的精神，

以及不畏艱難的心志，

但是環島一周，

我們多少可以了解馬偕博士對於台灣人民以及土地的摯愛。

—馬偕博士的台灣紀事—

淡水三芝是我經常開著吉米小車，去海灘越野炊，看海享受孤獨的地方。

每次經過淡水鎮，都會看見馬偕博士的銅像，心裡總會想：「為什麼這個外國人，會願意遠渡重洋來到台灣？甘心服務台灣人，甚至最後死在台灣？」

那天我去參加馬偕博士《福爾摩沙紀事》（*From Far Formosa*）台文版新書發表會，這本書是馬偕博士當年回加拿大述職，講述台灣種種事物的記載出版，一八九五年出版時，正是日本接收台灣之際，全世界的焦點都集中在台灣，這本書遂成為國際間了解台灣的重要著作；事實上，日本當年為了了解台灣，很早就將這本書翻譯成日文。

雖然這本書已經有中文版問世，包括一九五九年林耀南翻譯的《台灣遙寄》，一九六〇年周學普所翻譯的《台灣六記》，以及二〇〇七年林晚生翻譯、前衛出版社發行的《福爾摩沙紀事：馬偕台灣回憶錄》，但是台文版譯者林俊育表示，歷史上台灣所有外來政權都是用

馬偕博士一百五十年前登陸淡水的地點，現在是馬偕博士跪地禱告的紀念銅像。

馬偕博士及其他宣教士不僅傳道，也設計建造教堂及學校，這些建築我們通常稱之為「馬偕建築」。

自己的語言宣講，只有馬偕博士來台灣，是用台語跟當地人傳福音。這本書在馬偕博士登陸淡水一百五十週年出版，別具意義。

我因此重讀馬偕博士所寫的《福爾摩沙紀事》一書，發現馬偕博士對台灣的記載，不單單只著重在他的宣教工作，同時也對台灣這塊土地的風土民情、自然生物、地理歷史，有廣泛又深刻的描述記載；基本上，馬偕博士不只是一位充滿熱情的宣教士，他也是一位充滿好奇心的探險家、一位興趣盎然的博物學家。他旅行宣教過程中，經常收集各種自然標本，以及各種民俗物件，甚至包括異教的法器神像，都在他的收藏之中。在馬偕博士淡水家中，有一個房間擺放著他收藏的種種標本物件，儼然就是一座小小的博物館。

每個時代都有不同的人來到台灣旅行或工作，然後記下他們在台灣的所見所聞，清朝官員郁永河來台勘查硫礦的開採，所著的《裨海紀遊》，描繪十七世紀的台灣風土民情，並且記述今天的北投地區及龍鳳谷。《鯤瀛日記》則是一九一二年施景琛奉福建省制軍松鶴齡的命令，來台考察日治時期的政經建設，寫下的日記式遊記。台灣開港之後，許多西方人也藉著來台經商、公務的機會，克服當時種種旅行的困境，在台灣各地遊歷，並寫下遊記，其中包括美國駐廈門領事李仙得（Charles W. Le Gendre）一八七〇年所寫的《臺灣紀行》，以及一九〇三年戰地記者達飛聲（James W. Davidson）所寫的《福爾摩沙島的過去與現在》。這些資料也成為我們試圖了解那個年代台灣的重要依據之一。

當然不同的人對於台灣的旅遊記載，呈現比較主觀或片段的角度，甚至有些記載偏向傳奇故事，例如《裨海紀遊》就被認為是傳奇文學，但是不論如何，我們總是可以在這些作品中，窺見當年台灣的種種蛛絲馬跡。

馬偕博士所寫的《福爾摩沙紀事》一書，則是展現出一位博物學家的學術精神以及研究熱情，他書中對於台灣生物的記載，分門別類，鉅細靡遺，植物部分就包括森林植物、水果樹、纖維植物、豆科植物、草本植物、球莖植物、蔬菜與其他植物，還有花的種類。在書中馬偕博士寫著：「台灣的植物學對一個深思的學者，是一個極其有趣的探討對象；對宣教士來說，每一片葉子都是一種語言，每一朵花都是一個聲音。」

位於淡水馬偕街上的「滬尾偕醫館」，是馬偕博士過去行醫的地方。

歷史上的台灣遊記都只是記錄自己的所見所聞而已，這些作者都只是過客，是局外人，但是從馬偕博士所寫的《福爾摩沙紀事》一書中，卻可以看出他對台灣的認同，他是真心愛台灣這塊土地，同時也愛這裡的人！在書中他說：「我期望剩餘的生命都在台灣服務，當服務之日結束時，願在那裡找到一處有海浪聲及搖曳的竹蔭下，得到永遠的安息。」

馬偕博士終身在台灣服務，最後病逝於淡水，依照他的生前囑咐，他的遺體沒有被運回加拿大故鄉安葬，也沒有安葬在外國人墓園，而是安葬在淡江中學後面的家族墓園，因為台灣就是他的故鄉，是他所愛的土地。

大叔們的環島最後來到淡水，雖然我們不敢說自己有馬偕博士那種冒險犯難的精神，以及不畏艱難的心志，但是環島一周，我們多少可以了解馬偕博士對於台灣人民以及土地的摯愛。

馬偕博士在台灣各處的旅行傳道，寫下了《台灣遙寄》這本書，大叔們在環島旅行之後，我也必須將我們所觀察的記錄下來，才不至於愧對自己所生長的這塊土地。

大叔們在環島旅行之後，將自己所觀察的記錄下來，才不致於愧對自己生長的土地。

一後記　味蕾的環島一

大叔環島紀行並不刻意追求美食餐廳，雖然友人不斷地告訴我們許多好吃好喝的店家，但是我們還是以海岸巡遊為主，不刻意去追尋美食店家。

酷暑進行公路旅行其實是辛苦的，第一天經過福隆地區，想要去便利店買瓶涼水喝，忽然看見路旁有「石花凍」的招牌，便招呼王大叔過來試試，想不到吃遍米其林餐廳的王大叔，竟然從未吃過石花凍！石花凍清涼爽口，消暑程度勝過便利商店的各式飲料。賣石花凍的阿婆非常健談，她聊著自己如何嫁到福隆來，又是如何採石花菜，製作石花凍等等，這樣的地方食材孕育著在地的滋味，又可以與在地耆老聊聊歷史故事，充滿著風土的趣味。

在南澳的中午，我們剛剛完成了神祕海灘「海蝕洞」的探險，成就解鎖之後，感覺需要好好吃一頓飯，就在南澳鐵路旁，找到了一家店，門口大大的烏醋麵招牌，招呼著我們進去嘗試看看，我們吃了烏醋麵與剝皮辣椒雞湯，感覺很開心！特別是剝皮辣椒雞湯，非常鮮美，雞肉也不會老柴，還加了金針花，都是當地的物產，真的好吃！簡單的食物，就可以讓我們一天都感到滿足與幸福。

在東海岸公路旅行過程中，有一天下午來到長濱附近，想到還未吃午餐，王大叔想到一位書店店長介紹的「沙蔓莎」餐廳，便驅車去看看，想不到那是一家隱身海邊的原住民食堂，沒有招牌，也沒有像樣的建築，附近只有香蕉林、消波塊；而且我們根本沒有訂位，原本以為吃不到飯了，還好好客的店家薛大姐還是招呼我們，雖然沒有菜單，但是沒多久她就變出一桌原味好菜，有旗魚卵、飛魚乾炒小苦瓜、糖醋鯧魚、旗魚腹等，都是新鮮食材現煮，吃得十分滿足！

後來我才發現，這家店雖然沒有紙本的菜單，但是牆上彩繪的食物，原來都是我們吃的料理，所謂的「菜單」其實是畫在牆上的。用餐之際，我們也認識了幾位鄰座的原住民朋友，他們都非常風趣幽默，還跟我們敬酒，我說我們開車不能喝酒，他們竟說台東的路彎彎曲曲，酒越喝路才會變得越直，笑死我們大家！能夠來這個海邊餐廳吃飯，可說是一次意外的美食之旅。

在鳥不生蛋的台西地區，我們也意外地吃到一餐美味的在地料理，我們去探訪

「莎蔓莎」餐廳是隱身在香蕉林邊的原住民食堂。

「莎蔓莎」餐廳都用當地食材，在店家巧手下，端出一道道原味好菜。

目前僅存的「井仔腳鹽田」，結果附近根本找不到任何商家餐廳，好不容易來到一處聚落，只有幾棟房子，卻見不到一個人影。

後來終於在轉角處找到一家餐廳，牆上寫著「鹽鄉民宿餐廳」，販賣著古早味風味餐，原本猶豫不知道會不會踩雷，但是因為附近沒有任何商家，只好硬著頭皮進去，熱心的老闆除了介紹菜色食材，也幫忙講解地方的歷史變遷，原來他是一位愛護鄉里、用心駐點的文史工作者。菜色上桌令人驚喜，都是當地的食材，樸實無華但是卻可以吃到食材原始的美味，招牌菜色是乾的蚵仔麵線，乾煎無刺的虱目魚，西瓜綿鮮魚湯，另外還有絲瓜炒野生蛤蠣，碩大肥美的蛤蠣，令人垂涎三尺！心中慶幸沒有踩雷，肚腹飽足之後，又可以開心上路了！

在行程進入尾聲之際，大叔們明顯感受身體經過長途駕駛的疲憊，我特別安排了主廚張浩福的「TU PANG地坊餐廳」晚餐，這是一家位於台中後火車站富興工廠一九六二裡的餐廳，餐廳空間非常特別，長長的木頭吧台，排列的圓柱，以及高高的採光窗，有點像是紐約某個倉庫

井仔腳鹽田附近的「鹽鄉民宿餐廳」，竟然有令人驚喜的美味！

台中「TU PANG地坊餐廳」主廚張浩福的創作料理，總是帶給大家驚喜。

改建的時髦餐館。餐廳主廚張浩福的創作料理，總是帶給大家許多驚喜！在他的說菜中，我逐漸了解他如何試圖將當地食材，還有地方歷史特色，融入食物料理中，感覺他也是一位作家或藝術家，只是他創作的媒材是食物。

除了吃飯之外，我們更愛喝咖啡，旅程的第一天，我就帶王大叔去了宜蘭的「小花徑咖啡」，這是宜蘭最有氣質的一家咖啡店，以前開在礁溪靠近頭城的鐵道旁，後來搬到宜蘭外圍河邊地區，附近綠意盎然，十分幽靜。我常說咖啡店的主人就是整家店的靈魂，店主人是什麼樣子，自然就會在整家店呈現出來，「小花徑咖啡」的氣質就像店主人葉子菲一般，總是安安靜靜、細緻而溫柔，所有陳設小細節都充滿美感，很有日本店家的侘寂感。身為設計師的王大叔果然非常喜歡這家店，環島旅行之後他還曾多次造訪這家店。

在經過嘉義時，我也特別帶王大叔去吃隱身在興中市場的「高興」紅豆湯，我以前偶然去吃過後，驚為天人，想不到單純的紅豆湯，也可以如此好吃有滋味！怪不得以前《舊約聖經》中，描寫雅各用

嘉義興中市場的「高興」紅豆湯，充滿食材的原始滋味。

一碗紅豆湯，交換了以掃的長子名分。王大叔吃了也很喜歡，後來每次路過嘉義，也都會去光顧。「高興」紅豆湯對面的「穀谷」餐廳，是一間老屋餐廳，以前是老校長的宿舍，晚餐時，兩位大叔特別找在故宮南院服務的 Rebecca Light 在此敘舊，建築人共聚，相談甚歡。

雖然大叔環島並不是老饕行程，但是在這次旅行過程裡，各地土產、鄉間野味總是能帶給我們驚喜，得到的滿足與喜悅，勝過天天吃米其林大餐。

作為一個大叔，要學會知足與感恩，即便是一簞食、一瓢飲，也能嘗出個中滋味，也能夠開心喜樂！正如使徒保羅所說的：「我無論在什麼景況都可以知足，這是我已經學會了。我知道如何處卑賤，也知道如何處豐富，或飽足，或飢餓，或有餘，或缺乏，隨事隨在，我都得了祕訣。」

經過了多日的越野車駕駛，環島回來的大叔們顯得十分疲累，但是內心又因為有許多收穫，而感到很開心！印證了村上春樹所說的：「旅行這種事大多是相當累人的。不過有些知識是疲累之後才能親自學到的；有些喜悅是筋疲力盡後才能獲得的。這是我繼續旅行所得到的真理！」

作家作品集 105

大叔 Ojisan on the Road

作　　者—李清志
攝　　影—李清志、王子亦
特約專案總編輯—曾文娟
文藝線主編—何秉修
校　　對—李清志、曾文娟、何秉修、胡金倫
責任企畫—陳玉笈
封面暨內頁設計—雷震宇
內頁排版—立全電腦印前排版有限公司

總 編 輯—胡金倫
董 事 長—趙政岷
出 版 者—時報文化出版企業股份有限公司
一〇八〇一九台北市和平西路三段二四〇號七樓
發行專線—(〇二)二三〇六六八四二
讀者服務專線—〇八〇〇二三一七〇五
(〇二)二三〇四七一〇三
讀者服務傳真—(〇二)二三〇四六八五八
郵撥—一九三四四七二四時報文化出版公司
信箱—一〇八九九臺北華江橋郵局第九九信箱

時報悅讀網—www.readingtimes.com.tw
時報文藝／Literature & art臉書—https://www.facebook.com/readingtimesLiterature
法律顧問—理律法律事務所　陳長文律師、李念祖律師
印　　刷—華展印刷有限公司
初版一刷—二〇二三年四月二十八日
初版二刷—二〇二三年六月十六日
定　　價—新台幣四八〇元

大叔Ojisan on the road / 李清志著. -- 初版. -- 臺北市 : 時報文化出版企業股份有限公司, 2023.04
208面 ; 14.8×21公分. -- (作家作品集 ; 105)

ISBN 978-626-353-621-0(平裝)

1.CST: 臺灣遊記

733.69　　112003380

ISBN 978-626-353-621-0(平裝)
Printed in Taiwan